GAME OVER

Adeilson Salles
pelo espírito
Luiz Sérgio

GAME OVER

intelítera
editora

GAME OVER

Copyright© Intelítera Editora

Editores: *Luiz Saegusa* e *Claudia Zaneti Saegusa*
Direção Editorial: *Claudia Zaneti Saegusa*
Capa: *Casa de Ideias*
Projeto Gráfico e Diagramação: *Casa de Ideias*
Fotografia de Capa: *Shutterstock - Copyright: Voyagerix*
Revisão: *Rosemarie Giudilli*
Finalização: *Mauro Bufano*
8ª Edição: *2024*
Impressão: *Lis Gráfica e Editora*

Rua Lucrécia Maciel, 39 - Vila Guarani - CEP 04314-130 - São Paulo - SP
11 2369-5377 - www.intelitera.com.br

Dados Internacionais de Catalogação na Publicação (CIP)
(Câmara Brasileira do Livro, SP, Brasil)

Sérgio, Luiz
  Game over / pelo espírito Luiz Sérgio ;
[psicografia] Adeilson Salles. -- São Paulo :
Intelítera Editora, 2017.

1. Espiritismo 2. Psicografia 3. Romance espírita
I. Salles, Adeilson.   II. Título.

17-05915   CDD-133.9

Índices para catálogo sistemático:

1. Romance espírita psicografado : Espiritismo   133.9

ISBN: 978-85-63808-78-3

SUMÁRIO

GAME OVER 07

NOVA OPORTUNIDADE 11

FATALITY 19

ESTRANHA REALIDADE 27

COMBATE MORTAL 35

SEXO GAME 43

CHOKING GAME 53

REDES SOCIAIS 63

"MENINO VIRTUAL" 75

KLAUS 81

SARAH 87

O CASAL DE JUDEUS 95

FIGHT 103

APRENDENDO COM KARDEC 113

VAMPIROS SEXUAIS 121

INTERVENÇÃO ESPIRITUAL 131

O JOVEM PASTOR 141

A COMUNICAÇÃO 149

SILVINHO 157

QUEM É PATRÍCIO? 165

O BENFEITOR E OS JOVENS 171

NOVAS AÇÕES 183

SUICÍDIO COLETIVO 195

EM JERUSALÉM 205

CHEFE DE FASE 217

GAME OVER

O título deste nosso novo trabalho certamente chamará atenção dos que estão acostumados com os nossos relatos do lado de cá.

A vida humana vem sendo tratada banalmente feito um jogo qualquer. A competitividade entre as crianças e os jovens torna-se a cada dia uma prática rotineira revelando que o importante é vencer, é ser o melhor sempre.

O mundo infantojuvenil também é beneficiado pelas inovações tecnológicas de toda ordem. Por meio de computadores, telefones celulares e todo tipo de equipamento que interliga a mente ao mundo virtual, a conexão do pensamento acontece de maneira natural.

Toda essa modernidade, vinculada a uma educação muitas vezes omissa e permissiva, desencadeia os mais variados dramas na sociedade moderna.

Nesses dias de intensas lutas e grandes dores, as crianças e os jovens vêm sendo bombardeados emocionalmente pelos interesses materialistas.

Grande parte da humanidade não percebe que a tecnologia que deveria servir para diversão e educação do público infantojuvenil, na realidade, é poderoso instrumento e porta aberta para muitos dos males vivenciados nesses tempos.

Paralelamente a tudo isso, os espíritos seguem agindo, consoante os pensamentos e sentimentos das crianças e dos jovens.

Não raras vezes, à medida que as crianças e jovens alienam-se por meio de jogos violentos e viciosos, espíritos obsessores aproveitam-se da fragilidade emocional desse público para insuflar a ideia suicida e promover suas ações de vingança.

O número de suicídios entre crianças e jovens cresce a cada dia.

A violência está se tornando um hábito comum, e a indiferença e a desvalorização da vida humana estão se transformando em verdadeira pandemia.

Alguns jogos eletrônicos, depois de praticados por muito tempo, têm o poder de promover a insensibilização de crianças e jovens.

São muitos os crimes praticados em todo mundo, que são plasmados e planejados no mundo espiritual, e incitados a se materializar pelos *joysticks*, aparentemente inofensivos.

Em um tempo em que os valores éticos morais são postos de lado e as referências positivas escasseiam, as mentes em formação ficam à deriva.

Estou de volta, para narrar minhas experiências e estudos, a respeito do que o mundo virtual pode promover na vida de crianças e jovens, principalmente daqueles que não recebem uma educação que imponha limites à permanência excessiva na vida virtual.

O fácil acesso às armas e os processos obsessivos deflagrados por mentes invisíveis atormentadas estão arrebatando a vida de muita gente.

Não inicio aqui uma campanha deliberada contra o mundo virtual, que isso seja compreendido.

Os *games* eletrônicos, quando utilizados com a devida disciplina, beneficiam positivamente as mentes em formação.

Nosso foco são os jogos violentos, visto que despertam os espíritos violentos de outras oportunidades reencarnatórias.

O endeusamento de esportes e jogos em que a agressão e o aniquilamento do outro garantem *status* social e simbolizam felicidade, precisa ser avaliado com mais cuidado.

A educação é um conjunto de ações no campo intelecto espiritual, que visa ao progresso do ser integral.

No retorno à dimensão espiritual, muitos *games* maníacos juvenis trazem em seu campo mental os personagens dos jogos eletrônicos aos quais se afeiçoaram, demandando tratamento e esforço de nossa parte, para que o equilíbrio seja restabelecido.

Mais do que nunca precisamos estar atentos à necessidade da educação integral do ser.

Quem acredita que a vida seja um *game*, lidando com ela de maneira displicente, terá de recolher as consequências e resultados dos *games* que escolheu.

Nosso desejo, ao apresentar os casos aqui narrados, é alertar os pais, educadores e jovens, que a mente infantojuvenil é um campo fértil, que necessita ser cuidado com responsabilidade e amor.

A vida não é um *game*, em que no final da disputa se pode apertar uma tecla e reiniciar o jogo, ela tem consequências, pois o espírito é imortal.

A vida na Terra não tem *reset*, *restart*. O recomeço pela reencarnação é sempre mais difícil e complicado, e o retorno não se dá pelo nosso bel-prazer.

Existem condições regidas pela Misericórdia Divina para que possamos retomar à vida na carne.

Se os homens soubessem verdadeiramente a logística que envolve um projeto reencarnatório, não tratariam a vida feito um jogo, uma brincadeira de vontades.

Para o espírito imortal não existe "Game Over", mas as fases mal vividas de uma vida real, que podem trazer muitas dores e lágrimas.

Que o nosso singelo trabalho possa iluminar mentes e corações, beneficiando os espíritos que estejam vivendo nesse momento mais uma infância e juventude na Terra.

Luiz Sérgio
Primavera 2016

NOVA OPORTUNIDADE

Meu coração mais uma vez exultava de alegria.

Após a notícia de que voltaria a trabalhar com Augusto e Zoel, como não ficar feliz?

Novamente o campo de trabalho seria o mundo infantojuvenil.

O mundo virtual causa grande fascínio entre os jovens, e a carga horária demasiadamente grande, em que muitos permanecem conectados, acaba por gerar situações das mais tormentosas.

Para que a oportunidade fosse mais bem aproveitada, Zoel, Augusto e eu contaríamos com o auxílio de outro jovem, experiente nesse tipo de atividades.

Esse universo é o foco das páginas seguintes.

Assim que fui comunicado, na Colônia Maria de Nazaré, que deveria partir para a Crosta não titubeei e segui para o posto onde deveria encontrar nosso Orientador.

Juntando-me a Augusto e Zoel, seguimos em conversação animada para o nosso próximo aprendizado.

– Esse assunto me causa muita curiosidade! – Zoel falou com alegria.

– Eu sinto o mesmo. O crescimento dos processos obsessivos por meio dos jogos eletrônicos de conteúdo violento e a excessiva vivência virtual realmente chamam nossa atenção.

— É verdade, Augusto. Estou ansioso para conhecer o nosso Orientador.

Embora o posto fique bem próximo à crosta, não tivemos dificuldades em lá chegar.

Observei o intenso movimento de jovens sendo trazidos em macas, amparados por outros espíritos, que certamente eram servidores daquele posto.

A edificação era arredondada e o teto era uma cúpula transparente, também de forma redonda. Não era uma construção pequena, chegando mesmo a remeter a alguns ginásios esportivos da Terra.

Assim que adentramos o recinto, nós nos deparamos com enorme recepção. Percebi que havia vários atendentes, e uma jovem acercou-se solícita.

— Seja bem-vindo, Luiz Sérgio! Meu nome é Leyla.

— Olá, Leyla! Eu a conheço?

— Acredito que não, mas eu conheço seu trabalho em prol dos nossos jovens. E como por aqui passam muitos deles, e também outros trabalhadores desse campo de ação, as informações chegam para todos nós. Recebemos informes das suas atividades nas escolas.*

— Leyla, nenhum de nós faz nada sozinho, não é verdade? Todos nós fazemos parte de uma mesma equipe e a galera toda é comandada por Jesus.

---

* Referência ao livro "Ainda existe esperança" lançado em 2016 pela Intelítera Editora.

– Esse menino é muito esforçado, Leyla. Por isso, acabou se tornando uma referência no trabalho de socorro aos jovens.

– Para com isso, Augusto! – afirmei descontraindo.

– O Luiz Sérgio tem razão, somos uma equipe, mas reconhecemos a dedicação dele na tarefa com a juventude.

– Está certo, Zoel, mas vamos mudar de assunto.

– O Coordenador do nosso posto deixou-me a orientação de encaminhá-los até a sala dele assim que chegassem. Por favor, me acompanhem! – Leyla falou.

Eu me aproximei de Leyla e ofereci o braço a ela, que sorriu carinhosamente aceitando minha oferta.

Aprendi que a alegria é um dos traços que devemos cultivar em nossa vida.

O sorriso abre as portas do coração, e com ele fazemos amigos.

Zoel e Augusto sorriram com meu gesto.

O posto por dentro era bem maior do que se podia imaginar olhando de fora. Caminhamos por extenso corredor até chegarmos em frente a uma porta.

Leyla entrou à nossa frente dizendo:

– Com licença, Patrício, eles chegaram!

Ela escancarou a porta de dupla folha nos convidando a entrar.

Surpreendi-me, sobremaneira, com o nosso novo Orientador.

Ele era muito jovem. Um rapaz de olhos brilhantes e rosto belo.

Quando ele me olhou senti uma emoção que nunca havia experimentado. Uma energia incompreensível para o meu coração.

Nós três nos surpreendemos, e isso ficou evidenciado por breve silêncio interrompido por Patrício.

– Sejam muito bem-vindos!

O sorriso dele era cristalino, e do seu rosto parecia emanar uma luz, tal a suavidade de seus traços serenos.

A impressão que sua fisionomia me passava era de que ele não tinha mais de dezoito anos. A jovialidade dele era tão envolvente que me senti um Matusalém envelhecido.

Confesso que fui espicaçado pela curiosidade e queria disparar um monte de perguntas, mas me contive.

– Que alegria! – ele disse com emoção na voz. – Como Deus é bom, pois me permite conviver com irmãos iguais a vocês.

De braços abertos, ele sorria de maneira contagiante. E com essa energia dadivosa nos abraçou, um a um, nos chamando pelo nome. Entreolhamo-nos com certa surpresa, pois nenhum de nós o conhecia anteriormente.

– Que bom poder servi-los!

– A alegria é nossa, Patrício! E a surpresa também! – Augusto teve a coragem de comentar.

Patrício sorriu.

— Estou ansioso e curioso por tomar contato com um assunto tão novo e interessante — Zoel falou com carinho.

— Precisamos levar aos jovens e educadores da dimensão material, com urgência, algumas informações sobre a influência da vida virtual e dos *games* violentos nas dores que muitos experimentam nesse momento grave da vida na Terra. A mediunidade segue como uma porta abençoada entre as duas dimensões para o trânsito das informações que podem aliviar as dores humanas — disse Patrício.

— Nossas pesquisas e estudos se darão em centros espíritas? — indaguei curioso.

— Nossas oficinas de trabalho serão o lar, as escolas e todo ambiente onde o jovem estiver envolvido...

— Nunca imaginei que *games* eletrônicos pudessem influenciar e desencadear processos obsessivos.

— Pois é, Luiz Sérgio. Na base de todo processo obsessivo estão a mente e as emoções humanas. E em uma fase tão delicada como a adolescência e a juventude em geral, o psiquismo dos jovens é vulnerável aos processos de influenciação. Muitos dos sentimentos inferiores, de certa forma mascarados pela alma, com a prática de alguns tipos de *games* afloram de maneira contundente.

— Todos os jogos são prejudiciais? — Augusto indagou com interesse.

— Prejudiciais são os excessos e a falta de disciplina. Na base de tudo está a permissividade, a falta de controle das coisas. Para alguns educadores a palavra "não" é responsável por traumas psicológicos.

O conhecimento de Patrício nos surpreendia.

Acostumado a lidar com as lutas juvenis, eu aprendi com muita alegria que meu conhecimento é menor que um grão de mostarda.

E ele prosseguiu:

— Todo excesso é prejudicial, não apenas em atividades no mundo virtual. Eu me refiro à necessidade de se dizer "não" e impor limites, por ser esse o motivo das grandes dores experimentadas nesses dias de excessiva permissividade e ausência dos pais na vida dos filhos. Nossos jovens, embora tenham grandes conhecimentos na área tecnológica, necessitam de amor e atenção. Não adianta cercar os filhos de proteção física, se eles são vulneráveis emocionalmente. O insumo do equilíbrio juvenil passa pela presença dos pais e da atenção e do amor que eles dedicam aos filhos.

Patrício fez breve pausa para que pudéssemos raciocinar a respeito de tão grave tema, e franzindo a testa prosseguiu:

— Há tempo para tudo na vida dos jovens: para a escola, para o lazer, o esporte, o namoro, a conexão virtual e principalmente a presença dos pais, que deve ser contínua. Os filhos, em qualquer idade, não podem prescindir da presença dos seres em quem eles mais confiam. A questão não é de vigilância vinte e quatro horas, mas de confiança estabelecida de tal relevância, que os filhos pensem nos pais como os seres amigos e amorosos a quem eles podem confiar seus problemas. E isso não significa que os responsáveis devam abandonar a qualidade de pais, de forma alguma. É preciso ser pai sempre!

– Então, você acredita que a dificuldade esteja nos pais? – indaguei, percebendo em Patrício grande experiência nesse tema.

– Não nos pais, mas na prática educativa. Pais que foram filhos reprimidos ontem não sabem dosar a liberdade dos filhos. Não conseguem colocar limites nas ações de crianças e jovens, com isso, a dor e a frustração são certas no porvir.

– É um assunto delicado – Augusto asseverou.

– A paternidade é de fato uma missão – Zoel comentou.

– Bem, teremos grande material para nosso aprendizado e também para o texto a ser levado ao público encarnado, pelas vias de seu trabalho, Luiz Sérgio.

– Isso mesmo, Patrício! Chegam, através de preces, pedidos de pais e mães desesperados, para que eu cuide de seus filhos nas baladas e diversões a que eles se entregam. Eu me emociono com as rogativas, e nos casos em que temos possibilidade de auxiliar, fazemos o nosso melhor, mas digamos que a maior parte cabe mesmo aos que estão encarnados. Eu concluo, por todos os dramas que venho testemunhando até aqui, que a proteção mais eficaz para crianças e jovens é a educação. Não me refiro à da escola, como já afirmamos anteriormente, mas à educação que forme jovens de bem.

– É isso aí, Luiz Sérgio! É tempo de abrir os olhos de pais e educadores acerca da realidade da educação espiritual e sua importância na vida de crianças e jovens.

– Disse tudo, Augusto! – concordei.

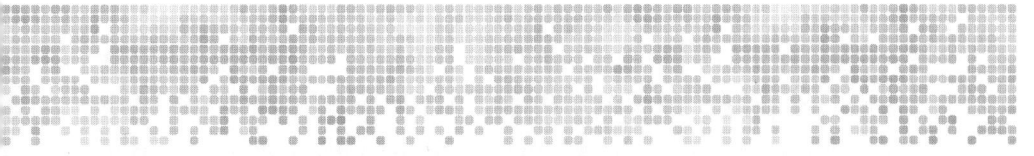

FATALITY

– Vamos começar nosso trabalho amparando um jovem que desencarnou de maneira muito triste. A questão da falta de limites para a vida virtual é tão grave, que desejamos que os nossos relatos não escandalizem os que lerem os fatos que Luiz Sérgio irá reportar aos seus leitores. Acompanhem-me...

Saímos os quatro do posto socorrista em direção à crosta.

Percebi que o movimento de chegada de jovens era intenso.

– Esse posto atende a todo e qualquer tipo de situação? – minha curiosidade me instigou a perguntar.

– Como vocês devem ter percebido, o público atendido é em sua totalidade formada de jovens recém-desencarnados. Aqueles que estão em condições de receber auxílio são trazidos para cá onde recebem os primeiros cuidados para o reequilíbrio possível. Como nós sabemos nada se resolve de maneira miraculosa.

– E qual é a condição da maioria? – Augusto indagou.

– Infelizmente, a condição da maioria é de profunda ignorância das verdades espirituais. Raramente, chega até nós algum jovem com relativa consciência sobre as questões do espírito. A maioria chega em estado de perturbadora alienação. Desajustados na área das emoções, subjugados pelos vícios e paixões. E com eles, seus parceiros espirituais, entenda-se obsessores, os companheiros invisíveis de toda forma de baladas desregradas.

– Não chegam jovens religiosos, espiritualizados? – Augusto inquiriu.

– Sim! Chegam muitos, mas querem ser levados às portas do céu. Não desejam se misturar com os demais jovens sofredores, tais como viviam na Terra, acreditam-se eleitos e levam muito tempo para se conscientizar das próprias necessidades.

– A condição de ignorância dos jovens não é diferente da condição de ignorância dos adultos – Zoel comentou.

– Sem dúvida – Patrício anuiu.

Silenciamos por alguns instantes, mas dentro de mim um mundo de indagações fervilhava ainda mais.

Seguíamos o nosso jovem Orientador e percebi que nos aproximávamos de um cemitério.

Não precisamos esperar muito, pois Patrício esclareceu:

– Vamos até a capela onde o corpo do nosso Alan está sendo velado.

O movimento era grande.

Vários jovens conversavam do lado de fora e eu, interessado em sempre aprender para reportar tudo aos nossos leitores, fiquei prestando atenção aos diálogos.

– Cara – dizia um jovem – ele pegou pesado, estava se achando um super-herói. Agora não tem mais jeito, levou um *fatality* na vida real.

– É doideira essa viração de vocês que passam as noites na fissura de um *joystick*. Tô fora dessa! – afirmava outro.

– Não tem nada de mais – redarguiu o interpelado – deixa o cara em paz. Cada um faz o que quer, a vida é um *game* mesmo!

Ao lado desses jovens, alguns outros desencarnados vibravam na mesma faixa de entendimento.

Patrício fez um sinal pedindo para entrarmos na capela.

Respeitosamente, entramos e vimos, além do destempero dos pais, o jovem Alan ao lado do próprio corpo em estado de profunda prostração.

As indagações só cresciam dentro da minha cabeça, chegava a dar coceira, mas Patrício, com respeitosa conduta, comentou:

– Imagino que todos tenham pontos a esclarecer, mas observemos o desenrolar dos fatos visando ao aprendizado mais efetivo. Nosso jovem Alan foi morto em uma briga de gangues, prestemos atenção!

Alan apresentava alguns hematomas por todo corpo, mas principalmente na cabeça e no rosto, pelos chutes recebidos.

Tudo era muito triste, mas a cena que se desdobrou diante dos meus olhos surpreendeu-me sobremaneira.

Embora, eu já tivesse testemunhado a ação de espíritos obsessores, em relação à manipulação da aparência de seus perispíritos, as personagens que surgiram à nossa frente me causaram grande impacto.

A plasticidade do perispírito[1] é um dos seus atributos, e muitos espíritos trazem o conhecimento de que tudo se dá nas bases da mente, consequentemente na força e na manipulação das energias mentais.

Aproximaram-se de Alan alguns personagens de seu jogo de videogame favorito.

Augusto, Zoel e eu nos entreolhamos estupefatos com a apresentação daqueles personagens.

A mãe esbravejava aturdida, maldizendo os responsáveis pela morte do filho.

---

1 Nota do Médium
PLASTICIDADE – o Perispírito possui extremo poder plástico, adaptando-se às ordens mentais que brotam continuamente do Espírito. Vale a máxima: "Pensou, Vibrou, Plasmou." Assim, a apresentação perispiritual é modelada pelo estado psíquico do Espírito, podendo portar o perispírito objetos como óculos, que de nada lhe servem. "O crescimento intelectual, com intensa capacidade de ação, pode pertencer a inteligências perversas. Daí a razão de encontrarmos, em grande número, compactas falanges, operando nos círculos da perturbação e da crueldade, com admiráveis recursos de modificação nos aspectos em que se exprimem. " (...) "Os anjos caídos não passam de grandes gênios intelectualizados com estreita capacidade de sentir. Apaixonados, guardam a faculdade de alterar a expressão que lhes é própria, fascinando e vampirizando nos reinos inferiores da natureza". (Francisco Cândido Xavier, Médium, Emmanuel, Espírito. *Roteiro*, 9ª ed. Rio de Janeiro: FEB).

O pai, em silêncio, pelas energias mentais emitidas, experimentava quadro de doloroso remorso, chegando a comentar com uma senhora que acabara de chegar, externando condolências:

– Sou culpado por isso. Meu pobre filho! Eu não tinha tempo para ele...

Em nosso plano de ação, as cenas perturbadoras se desdobravam:

Alan, em espírito, via diante de si as personagens que tanto cultuava nas madrugadas em claro, quando se entregava aos *games*.

Sua camiseta tinha caracteres das mesmas personagens. Nesse instante, Patrício observou:

– Alan, desde os oito anos de idade, quando ganhou o primeiro videogame, tem profunda identificação com esse *game* que trata de combates mortais. Desde essa época, ele vem introjetando um comportamento agressivo e despertando resquícios de violência de suas vidas passadas.

– Com a ausência dos pais, que alegam não ter tempo para o filho e, pela prática diária desse jogo, Alan tornou-se um jovem violento. Brigava com frequência na escola, e os pais eram constantemente chamados para uma conversa com os educadores, mas não compareciam, e era preciso que a direção da escola exigisse a presença deles para liberar a volta de Alan às aulas.

As palavras de Patrício doíam em meu coração.

– Com o passar dos anos e o aperfeiçoamento do *game*, na apuração das táticas de combate e morte do adversário, Alan foi sendo arrebatado e mergulhava cada vez mais no culto à violência. E nesse período de fragilidade espiritual, espíritos que tinham partilhado outras existências com ele se aproveitaram desse momento, transformando a alienação pelos *games* em um intrincado processo obsessivo. E o resultado foi que o nosso Alan envolveu-se com jovens violentos. Uma "batalha" foi marcada pelas redes sociais e durante alguns dias o clima foi se acirrando, até que no encontro dos rivais Alan foi esfaqueado no meio da briga generalizada.

A narrativa de Patrício foi interrompida pelo grito da mãe, que sob forte emoção desmaiou, causando mais tumulto ao ambiente.

– Podemos fazer uma prece! – sugeri.

– Sim, façamos isso! – Augusto concordou.

– Um instante – Patrício pediu, percorrendo o ambiente com seus olhos, como a procurar alguém. – Vejam aquela jovem de vestido azul, ela está equilibrada. Vamos envolvê-la inspirando-a a chamar atenção dos presentes para a necessidade de uma oração.

Nesse instante, Zoel aproximou-se da garota, envolvendo-a em energias carinhosas, ao mesmo tempo em que sugeria mentalmente a ideia de uma oração.

A garota que estava quieta e ensimesmada alterou os traços fisionômicos, e, elevando o tom de voz, ergueu o braço, dizendo:

– Pessoal... – e todos silenciaram olhando para ela – acho que seria legal fazermos uma oração pelo Alan e pela família dele!

O silêncio como resposta foi o sinal de que todos tinham aceitado a sugestão.

Zoel, por sua vez, tentou insuflar mentalmente palavras à garota para que ela verbalizasse a todos, todavia, ele não encontrava nela muitos recursos mentais, então, não querendo perder tempo e para aproveitar a psicosfera momentaneamente favorável, ele insuflou em seu psiquismo:

Pai nosso que estais no céu...

– Pai nosso que estais no céu – ela repetiu e orou até o fim, sendo acompanhada por todos os presentes.

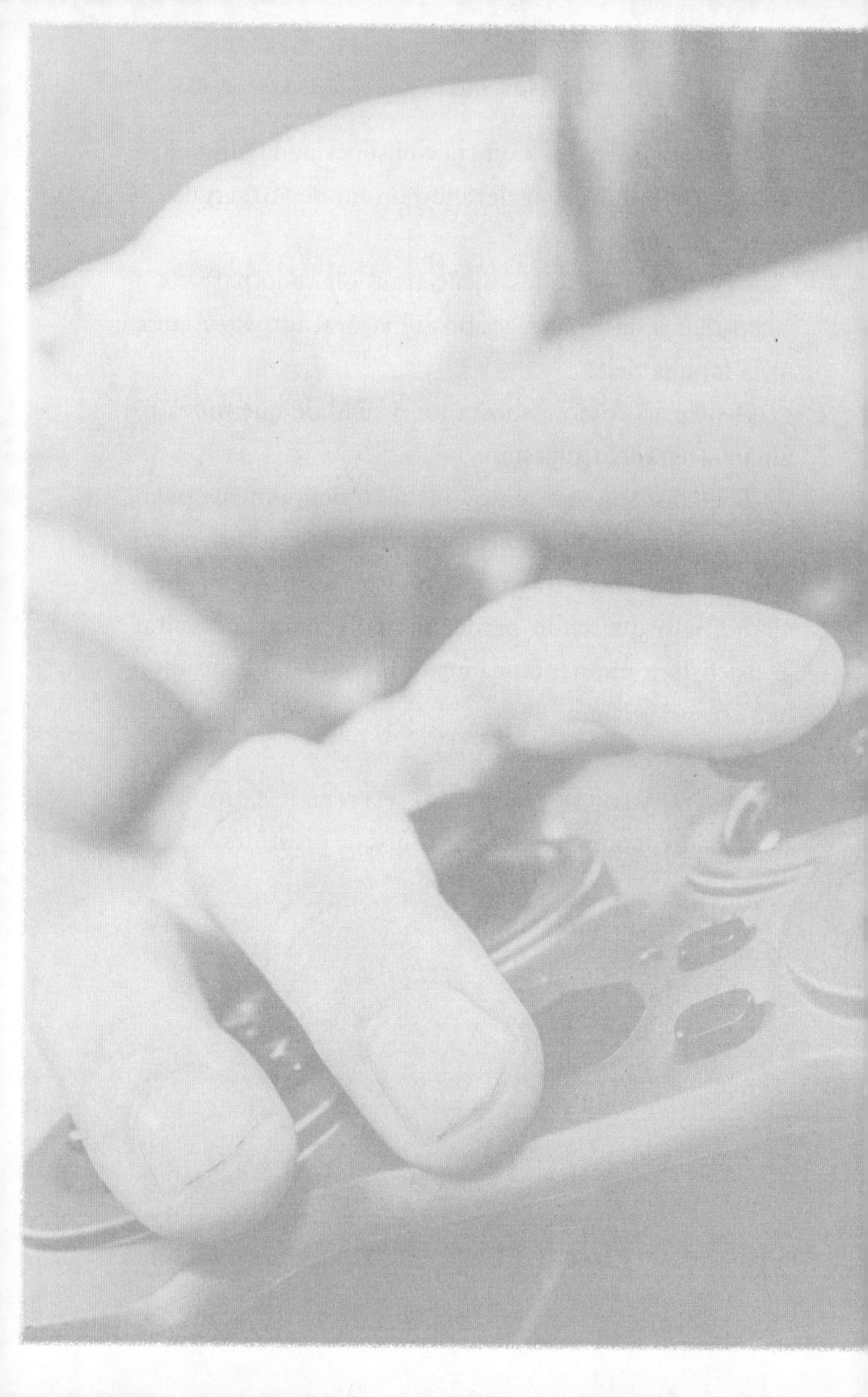

ESTRANHA REALIDADE

Após a oração o ambiente experimentou relativa harmonia.

– Patrício! – respeitosamente indaguei. – Podemos fazer alguma coisa pelo Alan agora?

– Faremos sim, mas nesse momento só podemos observar.

Observávamos detalhadamente o jovem, que em espírito ainda permanecia ao lado do caixão. A prostração em que ele se encontrava foi quebrada pela voz de um dos espíritos travestidos de personagem do *game* venerado por Alan.

– Vamos embora, Alan...

Demonstrando grande aturdimento, Alan contemplou o personagem e, num misto de estranheza e alegria, redarguiu:

– Su... é você?

Alan ergueu-se e viu à sua volta os outros dois personagens e disse:

– Su... Ki... So... vocês três aqui?

– Venha conosco, temos muito a fazer! – a personagem Ki convidou gargalhando.

Envolvido pela presença daqueles seres com os quais se identificava, e que tanto representavam para ele, o jovem docilmente cedeu ao convite, afastando-se dali.

Minha cabeça estava fervilhando com tantas perguntas.

– O que vamos fazer? – perguntei, sem conseguir me controlar.

– Vamos acompanhá-los! – Patrício pediu.

– Sabemos que pelas condições e faixas vibratórias eles não nos veem e também não percebem nossa presença.

– Isso mesmo, Augusto – Patrício concordou.

– Como poderemos auxiliar o Alan? – Zoel indagou.

– Precisamos auxiliar os quatro! Porque todos eles são amados por Deus.

As palavras de Patrício remetiam-nos a uma reflexão mais ampla sobre a Misericórdia de Deus.

Nossa tendência, na maioria das vezes, é nos posicionarmos ao lado daquele que julgamos ser a vítima da situação. No entanto, em trabalho cristão não podem existir lados, mas um único lado, o do amor.

E era isso que Patrício nos demonstrava respeitosamente.

Eu olhei para aquele jovem que manifestava tanta sabedoria e bondade em suas palavras, e que me surpreendia a cada frase.

Enquanto Zoel, Augusto e eu pensávamos em ajudar Alan, ele argumentava acerca da necessidade de ampararmos a todos.

– Patrício, que história está por trás desse drama vivido pelo Alan, e pelos demais espíritos envolvidos nessa prova? Afinal, todos têm um passado! – comentei.

– Um drama dessa dimensão não começou na recente encarnação. Ninguém escolhe gratuitamente, ao acaso, alguém para perseguir e promover vingança. Somos herdeiros das várias semeaduras, ou seja, como espíritos imortais nossa colheita remonta a várias sementes lançadas ao longo dos séculos em outros tantos corpos que habitamos.

– Então, temos diante de nós uma história bem mais complexa. E a obsessão de Alan por jogos violentos foi a porta aberta para o desenvolvimento de tudo isso?

– Sem dúvida, Zoel! O *game* foi a porta aberta que os perseguidores de Alan encontraram para promover a vingança. Eles não se dão conta de que essas ações levam todos os envolvidos a mergulhar cada vez mais nas teias do sofrimento e das lágrimas – argumentou Patrício.

– Eles imaginam que Alan será mantido por muito tempo em condições de cárcere mental e de alienação? – Augusto perguntou.

– O ódio deixa cego o espírito, furta a lucidez, e aquele que busca a vingança acredita que o gozo proporcionado pela dor alheia é perpétuo para satisfazer seus propósitos. Mas, se todos estão envolvidos na mesma trama, todos irão aprender com a situação. Com o tempo, o amor e a compaixão brotarão espontâneos nas almas amadurecidas pelos espinhos da dor.

Fiquei olhando para Patrício e as palavras que ele dizia revelavam tal sabedoria que nos confundíamos devido à sua aparência juvenil.

Em relação à aparência dos espíritos, na verdade, todos nós sabemos que o perispírito pode ser moldado consoante as necessidades do espírito.

Curiosamente eu me indagava: quem seria Patrício, aquele espírito que se mostrava com aquela aparência juvenil? O interesse em saber era meu, mas eu sabia que deveria respeitar a escolha daquele irmão e tinha certeza que havia alguma razão especial para que ele se manifestasse daquele jeito.

Nossa visão em algumas situações ainda resvalava no conceito equivocado de que os jovens não têm experiência e sabedoria, porém todos já vivemos muitos aprendizados, pois que o espírito imortal é em si um universo de experiências adquiridas em suas várias encarnações.

Um pai que se relacione com o filho com essa percepção saberá que, embora seja ele o responsável pela educação dos filhos, o aprendizado se dá para ambos.

Fui interrompido em meus pensamentos quando Patrício disse:

– Vamos acompanhar Alan e os seus personagens de videogame?

– Vamos sim! – a oportunidade era ímpar para tão grande aprendizado, que respondi na mesma hora e perguntei: – E para onde eles estão indo?

– A ideia deles, Luiz Sérgio, é prolongar a vingança, pois ainda não estão satisfeitos com o fato de terem influenciado o jovem Alan a uma vida de violências. Se puderem, certamente o manterão escravizado aos seus pendores.

– E onde tudo isso começou, Patrício?

A noite já havia chegado, e o nosso jovem líder contemplou o céu, que estava especialmente estrelado. Dos olhos dele fulgurou um brilho peculiar, enquanto observava as estrelas que enfeitavam o firmamento. Nós três éramos pura expectativa, e Patrício quebrou o silêncio e falou com mansidão na voz:

– Todos nós compomos a nossa história, desde a noite perdida no tempo em que fomos criados por Deus. Entre lágrimas e alegrias tecemos nosso destino evolutivo.

– Nossos quatro viajantes das lutas reencarnatórias encontraram-se na segunda metade do século XV na França, no momento da mais grave efervescência e lutas entre católicos e huguenotes (protestantes). Alan, que estava católico, cujo nome à época era Jean, atraído pelos encantos da jovem Sophie, filha de Antoine e Mary, que eram huguenotes, participou da vergonhosa Noite de São Bartolomeu. Após iludir Sophie e tendo alcançado a satisfação dos seus instintos mais vis, ele precisava se livrar das cobranças da jovem que engravidara. A grande oportunidade de se liberar do incômodo problema surgiu quando centenas de huguenotes encaminharam-se a Paris para um casamento real, que teria como proposta maior encerrar as duas décadas de guerra civil entre católicos e huguenotes. E foi nesse evento, que manchou a história francesa, conhecido por Noite do Massacre de São Bartolomeu, que foram ceifadas as vidas físicas de Sophie e de seus pais. Jean os atraiu de maneira sórdida e planejada, e se juntou às forças católicas matando Sophie e os pais com suas próprias mãos. Ao despertarem no além, todos os membros da família juraram perseguir e se vingar de Jean, o jovem Alan de hoje.

Fiquei estupefato com a história e o vínculo desses personagens. O elo que os unia era de ódio, muito rancor e vingança.

– Impressiona e entristece tomar conhecimento desses fatos, tendo a fé e a religião por molas propulsoras de tantas lágrimas e dores – Zoel comentou.

– Parece enredo de cinema, mas se trata da vida real – Augusto aduziu.

– E a nossa história, também não está repleta de desenganos? É claro que todos despertam no momento oportuno, mas quantas perseguições nós não alimentamos por essa ou outras razões?

– Sim, Luiz Sérgio! Semeamos muitas lágrimas em nossa trajetória evolutiva, e agora temos o trabalho no bem como ação abençoada para nos educar a consciência, aprendendo assim, que não podemos julgar a quem quer que seja.

Patrício tinha novamente razão, as leis são naturais e todos nós estamos sob seus efeitos.

O amor gera o amor, o ódio gera a dor.

Saímos dali e Patrício conduziu-nos a uma região hostil, que poderíamos afirmar ser zona umbralina, pois era habitada por muitas entidades que se afinavam por suas mentes desequilibradas.

Numa paisagem que se assemelhava ao cenário dos jogos de videogame segundo esclareceu Patrício, nossos personagens se preparavam para mais um ato de sua história.

Sophie, Antoine e Mary já haviam conquistado alguns conhecimentos a respeito da manipulação do perispírito.

Alan, por sua vez, alienando-se totalmente aos *games*, não concebia mais nada na sua vida que não fossem as coisas ligadas aos jogos eletrônicos. Ele mergulhou no cultivo ao monoideísmo em que tais jogos representavam uma ideia fixa e preponderante.

Não foi difícil para seus perseguidores o envolverem cada vez mais até conseguirem a realização dos seus intentos. Aquele momento de vingança era aguardado desde a madrugada de 24 de agosto de 1572, quando ouviram os sinos da Catedral de *Saint-Germain-l'Auxerrois* anunciando a Noite de São Bartolomeu.

O jovem Alan, então Jean, que havia enganado e matado toda família de Sophie, estava aturdido e perturbado.

– Será que ele se lembrará de alguma coisa do passado? – Zoel indagou.

– Não irá se lembrar, pois ainda sente a perturbação que se segue após a morte. Ninguém retoma os conhecimentos e as lembranças de vidas anteriores de pronto. Após a morte, o espírito sempre experimenta certo distúrbio, que terá a duração de acordo com o gênero de vida que levou – explicou Patrício.

Eu me lembrei da minha passagem para esse mundo. Experimentei sensações estranhas e complicadas de lidar. Senti durante muito tempo certa tontura, acompanhada das mesmas necessidades físicas. Não tinha senso de tempo, nem de lugar. Como fui expulso do meu corpo físico por um gênero de morte violenta, as impressões de estar encarnado me acompanharam por um bom tempo. De qualquer forma, ainda devo agradecer a Deus porque em poucos meses já me comunicava com a família, e isso fez a diferença para todos nós.

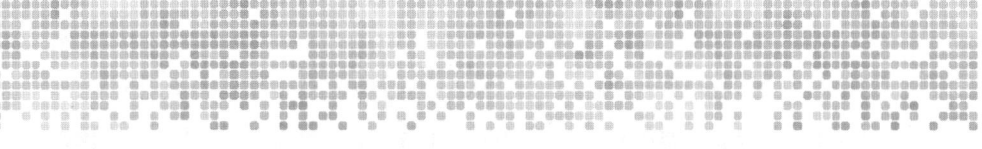

COMBATE MORTAL

– O que veremos aqui acontece repetidas vezes no mundo astral – Patrício esclarecia – por isso, a importância de levar aos jovens a realidade da vida espiritual. Com a tecnologia admirável de hoje muitos prazeres virtuais são experimentados, levando muitas mentes juvenis à vulnerabilidade emocional. Onde falta a presença familiar, que é a principal referência para qualquer jovem, outras forças ganham espaço e se assenhoram do mundo juvenil. Daí o sexo, as drogas e o mundo virtual serem os descaminhos por onde nossos jovens se perdem.

– O que presenciamos aqui e que será reportado pelo nosso Luiz Sérgio, por meio do canal da mediunidade, pode ser encarado por muitos como processo fantasioso, ilusão alucinógena, mas isso não deve importar para nós que nos propomos a ser trabalhadores do Evangelho.

– Nós, os espíritos espíritas, uma vez despertos para a realidade da Doutrina Espírita, não podemos deixar de lado os esforços para divulgar as realidades espirituais, consoante o Espiritismo. Jesus ensina-nos pela mensagem da boa nova que onde estiver o nosso tesouro lá estará o nosso coração. Indaguemo-nos, onde está o tesouro dos jovens desses dias? Onde o coração deles se situa? Repetimos, de maneira a deixar bem claro, que alguns jogos eletrônicos promovem o despertar de belas potencialidades da alma juvenil, desenvolvendo algumas aptidões de forma especial.

– E o nosso trabalho, então, ao contrário de se assemelhar a uma campanha deliberada para denegrir uma bela criação tecnológica, que promove o lazer e relativo desenvolvimento da mente juvenil, deseja sim esclarecer quanto ao malefício dos excessos, como tudo na vida.

Ouvíamos as palavras esclarecedoras de Patrício, que sempre nos surpreendia pelo bom-senso de suas colocações. E ele prosseguiu, após breve pausa:

– Muitos dirão que nosso discurso é preconceituoso e revela nossa ignorância, mas todos nós aprendemos com Allan Kardec que tudo se dá nas bases da mente humana. Crianças e jovens são influenciados permanentemente, tanto quanto os adultos, por espíritos com os quais se vincularam pelas leis naturais que regem o intercâmbio entre todos nós. O contexto da vida infantojuvenil, de acordo com o que é cultuado em seu meio sociofamiliar, tende a abrir arquivos mentais de outras existências. E assim, algumas tendências são incitadas e o espírito mostra-se tal qual é. Observemos o que acontece com o nosso Alan.

Zoel, Augusto e eu estávamos conectados com aquela realidade detalhada por Patrício. E eu, refletindo acerca de suas palavras, rememorei visitas em alguns lares, onde pude presenciar famílias inteiras navegando por mundos distintos. Lembramos aqui que o foco deste trabalho é o mundo juvenil, mas vale lembrar que o adulto também se encontra em processo de alienação virtual.

Fixamos nossa atenção em Sophie, Antoine e Mary, ora travestidos de personagens de videogame. Antoine, que moldara seu perispírito para parecer o personagem Su, afirmou sorrindo:

– Agora a justiça pode ser feita por suas próprias mãos! Você não precisa mais de um *joystick*, Alan!

Os olhos de Alan brilhavam, mas ele não se dava conta que estava sendo vibratoriamente escravizado àquelas mentes que o manipulavam com facilidade.

– Mas, eu não tenho seus poderes para enfrentar os inimigos? – ele tentou argumentar.

– Isso vai ser fácil para você! Agora nós precisamos partir e te deixar cumprir sua própria missão, mas sabemos que terá coragem e força para enfrentar qualquer inimigo.

Dizendo isso, os três personagens afastaram-se, e Alan se viu sozinho.

Continuamos a observar e as cenas que descreverei a seguir são dignas de registro e de reflexão por parte de pais, educadores e jovens aficionados aos *games* que cultuam a violência e a sensualidade.

Dois seres bizarros aproximaram-se do jovem Alan grunhindo feito animais. Na verdade, os dois eram um misto de homens e répteis. Com agressividade, eles partiram para cima do jovem Alan, que saiu correndo, em desespero.

Fomos atrás e para nossa surpresa, Patrício, diminuindo sua vibração e tornando-se visível, colocou-se diante deles em atitude de respeito. Em momento algum, ele os agrediu com gestos ou palavras violentas. Posicionou-se entre Alan e as duas criaturas e ao irradiar luz de seu perispírito, ficamos perplexos. Ato contínuo, as duas criaturas, diante de tanta luminosidade, recuavam amedrontadas enquanto Alan, paralisado, não sabia o que dizer.

– Sei que vocês podem registrar minhas palavras e vibrações. Gostaria muito de poder ajudá-los também. Não estou aqui apenas pelo Alan, mas por vocês. Gostaria de dizer que vocês dois são filhos amados de Deus e que Ele aguarda o seu despertar.

Patrício ergueu as mãos em direção às frontes das criaturas e falou com carinho:

– Esse processo de zoantropia[2] pode chegar ao fim. Como na parábola do filho pródigo ensinada por Jesus, o nosso Pai que está nos céus aguarda o seu retorno para casa. Ele já tem preparado o banquete de amor para servi-lo.

---

2 Nota do Médium
ZOANTROPIA - A palavra Zoantropia tem origem do latim (zoo= animal e anthropos = homem) e é o fenômeno em que espíritos desencarnados devotados ao mal se tornam visíveis aos homens sob formas de animais, demonstrando assim sua degradação tanto moral, quanto espiritual. Esse processo de transformação também pode se dar através de uma metamorfose perispirítica, processada através de uma indução hipnótica, em que o desencarnado inferiorizado em suas culpas ganha a forma animalesca.

Eu não consegui conter minhas lágrimas e chorei. Zoel e Augusto também se emocionaram. Surpreendia-nos a ascendência de Patrício sobre os dois seres totalmente disformes. Eu já havia estudado sobre alguns casos de zoantropia, mas aquele aprendizado era único.

Alan estava perplexo e paralisado.

A presença de Patrício impunha de maneira natural uma energia que não sabíamos definir o gênero.

Silenciosamente, pus-me a orar, no que fui acompanhado por Zoel e Augusto.

Os dois homens répteis ficaram prostrados e entregues.

Nova surpresa quando Patrício, erguendo os olhos brilhantes ao céu, orou em voz alta.

Senhor da vida, eis-nos aqui junto a esses corações juvenis. São seus filhos, Pai, aqueles que ainda atendem ao chamado da ilusão e partem para o mundo em busca da felicidade ilusória. Auxilia-nos a despertar nessas almas o sentimento de fraternidade, de amor e compaixão. São tantos os jovens caminhando sem direção, sem sentido para as próprias vidas. Nas estradas juvenis que eles ainda têm por percorrer, canções ilusórias buscam atraí-los a fim de sugar o néctar de sua mocidade. Protege-os em Seu amor, que a Sua infinita misericórdia os agasalhe e que o Messias juvenil se faça presente nas trilhas da juventude. Que nós, os espíritos espíritas, unamos nossos corações na seara da infância e da juventude, levando o Evangelho como a cartilha da esperança de hoje e do porvir.

Eu não conseguia articular uma palavra.

Nove entidades aproximaram-se e distenderam lençóis alvíssimos, feito macas singelas. Alan e os outros dois irmãos foram acomodados, e, a um sinal de Patrício foram levados dali.

Da nossa parte, ainda nos refazíamos da emoção.

Foi o próprio Patrício quem nos convidou ao estudo:

– O nosso Alan será levado para o posto de socorro para as primeiras providências.

– Mas, ele ainda me pareceu um tanto desconectado da realidade, é isso mesmo?

– Sim, Luiz Sérgio, é isso mesmo. Ele vem passando pelo processo do monoideísmo desde a infância. Para algumas pessoas as crianças estão imunes a qualquer investida dos espíritos ignorantes. Todos têm proteção, mas sabemos que aquela criança que nos desperta imensa ternura hoje já viveu outras vidas e tem seu histórico espiritual. Como qualquer um de nós, ela está sujeita à semeadura de outras vidas. Alan, por sua vez, passou a viver num mundo à parte, onde a violência e a força representam a lei. O sofrimento muitas vezes, e também a rejeição dos pais, faz com que a criança e o jovem criem mundos paralelos que passam a habitar como forma de se proteger das ameaças externas. Essas situações são muito comuns diante da fragilidade espiritual de algumas crianças e jovens. Com esse enredo os quadros de perseguição e obsessão se multiplicam.

– Alguém poderia pensar em injustiça, não é Patrício, mas tudo é regido pelas leis magnânimas de Deus.

– É verdade, Luiz Sérgio. Acontece que o nosso olhar está condicionado a contemplar o invólucro físico frágil, deixando de lado o espírito imortal que habita aquele corpo.

– E os outros personagens dessa trama – Sophie, Antoine e Mary? – Augusto inquiriu.

– São filhos amados de Deus, ainda na infância do entendimento das coisas espirituais. No momento oportuno, eles estarão aptos ao despertar. Entidades amigas, vinculadas a essas almas, há algum tempo empreendem esforços para socorrer e despertá-las, mas devemos lembrar que eles precisam fazer a parte que lhes compete, que é perdoar.

– Os pais de Alan têm responsabilidade sobre tudo isso em que grau? – Augusto questionou.

– Nenhum casal, que abra as portas da reencarnação para receber os filhos queridos de Deus, está isento das responsabilidades que tal missão impõe. Os pais de Alan foram chamados à realidade de maneira dura, através do desenlace do filho. Mas todos nós absorvemos a lição, seja ela qual for das alturas da nossa condição evolutiva. O peso das lágrimas tem a medida do despertar de cada um. É a história de que cada um enfrenta no momento certo a própria consciência.

– E os nossos irmãos na situação de animais? – Zoel questionou.

— São queridos demais aos olhos do Pai, espíritos viciosos, que se deixaram levar por outros espíritos, muito inteligentes, mas ainda na faixa da maldade. Com a mente embotada no mundo dos monstros dos *games* e também pela violência cultivada pelo próprio Alan, é evidente que seus perseguidores utilizassem desses recursos para levar grande sofrimento ao jovem maníaco por *games*.

Não faltavam situações para a nossa reflexão, e esses pensamentos gerariam muitas outras dúvidas, porque evoluir é aprender.

— Precisamos seguir, pois ainda temos muito para estudar e ajudar — Patrício falou com largo sorriso.

Partimos, e a minha admiração aumentava a cada minuto de convívio com aquele espírito. Pude perceber que Zoel e Augusto também nutriam a mesma simpatia e respeito.

SEXO GAME

Em meu coração, o aprendizado extraído da história de Alan repercutia intensamente. As situações de dor e lágrimas vividas pela juventude eram tantas, que me traziam ainda mais certeza de que deveria agradecer a Deus para sempre, por ter me proporcionado a oportunidade de ser útil.

– Precisamos ir até mais um sepultamento – Patrício comentou.

– Outro jovem desencarnado?

– Dessa vez é uma jovem, Zoel. Também vítima de um *game*, mas não um *game* eletrônico.

Eu e Augusto nos entreolhamos e fizemos silêncio.

As feições de Patrício, ainda que serenas, estavam mais graves. E foi com essas expectativas que entramos em um cemitério, onde em espaço adequado oito salas abrigavam velórios diferentes – quatro de um lado e quatro do outro lado. Um deles chamava muito atenção pela presença maciça de jovens, em sua maioria garotas.

Seguimos Patrício, que foi justamente em direção ao velório onde estavam os jovens. Surpreendi-me ao observar o corpo, tratava-se de uma garota de aproximadamente quinze anos. Corri meus olhos pelo ambiente para encontrar o espírito desencarnado, mas não logrei visualizá-lo. Ao lado do caixão, uma senhora de rosto sofrido e os cabelos tingidos pelo tempo derramava algumas lágrimas. Tratava-se de pessoas muito simples.

Patrício fez sinal para aguardarmos. Mantivemo-nos em silêncio, na expectativa, enquanto Augusto fazia uma prece em benefício da adolescente desencarnada.

Após alguns minutos, Patrício nos fez novo sinal com a cabeça para que o seguíssemos. Saindo da sala onde o corpo estava sendo velado, fomos até um aglomerado de jovens. Nesse instante, um fato me surpreendeu, pois, a garota desencarnada fazia parte da roda de jovens no jardim, ao lado da capela. Lá estava ela muito chorosa, tentando falar com os amigos e amigas, mas eles não registravam a sua presença.

Uma das garotas comentou:

– Eu disse pra ela que era uma roubada acompanhar o Bil, ele não é de confiança.

– Shhhhh, Tina! – fez outra garota colocando o dedo nos lábios, pedindo silêncio. – Se alguém te escuta falando isso você vai ser a próxima!

– Qual é, Val? Precisamos falar sobre isso para que outras garotas não caiam nessa furada do jogo do sexo! Até parece que tem alguma virgem aqui! – Tina resmungou.

– Não é isso, garota! Você sabe que quando rola drogas o *game* do sexo é perigoso.

– Já participei de vários *games*, até mesmo com a defunta da Ione e nunca peguei nada! Eu sempre soube a hora de sair fora.

Meu coração compadecia-se daqueles jovens, pois a conversa era pura degradação.

– Prestem atenção! – Patrício pediu.

Olhamos para o lado no instante em que as garotas ficaram quietas e dois jovens se aproximaram. Ao lado deles, dois outros jovens desencarnados.

– Cara de pau desse moleque vir aqui...

– Fique quieta Val, se eles escutam isso você dança! – Tina advertiu.

– Algum problema aí? Tem alguma coisa pegando?

– Não, Jonathan, tudo certo, só a tristeza mesmo com a Ione morta.

– Tá certo, Tina, mas a culpa é dela que não soube brincar numa boa.

– Esses são Jonathan e Piá, dois garotos a serviço do tráfico de drogas. E os dois desencarnados são Vini e Bento, as companhias espirituais dos primeiros – Patrício apresentou.

– Que jogo é esse? – indaguei curioso.

– Vamos observar Ione, a triste experiência dela nos demonstrará o que é isso.

Entre as amigas, Ione caminhava de um lado para outro, muito confusa e insistindo em se comunicar.

– Ione foi criada pela avó, a mãe é viciada e vive pelo mundo, o pai morreu antes dela nascer, foi morto pela polícia. Estamos em uma comunidade muito pobre e os bailes *funks* são a diversão desses jovens esquecidos do poder público. A sensualidade exacerbada é a realidade da vida desses jovens. Vejam aquela garota!

Olhamos para uma jovenzinha que não devia ter mais de quinze anos.

– Ela tem quatorze anos e está grávida. Ainda não sabe, mas daqui a pouco vai fazer parte da estatística das jovens grávidas que praticam o aborto, ou será mãe, e se unirá a centenas de meninas que carregam filhos nos braços, sem ainda terem largado as próprias bonecas.

– E a Ione? – Augusto perguntou.

– Vamos acompanhá-la e obter as informações diretamente do seu psiquismo. Observem! – Patrício pediu.

Fixamos nossa atenção na jovem garota e conseguimos distinguir algumas imagens que estavam registradas em sua mente. As imagens assemelhavam-se a quadros vivos a orbitar na mente dela.

Tina e Ione chegaram a um baile *funk* e logo receberam algumas bebidas.

– Se o Bil aparecer, quero ficar com ele!

– Nossa Ione, e se ele me escolher?

– Dá um tempo, Tina, você sabe que eu sempre quis ficar uma noite com o Bil! Vai querer me atrapalhar agora?

As duas garotas, que usavam roupas muito curtas e coladas ao corpo, dançavam freneticamente colocando as mãos nos joelhos e rebolando provocativamente.

Dois garotos, que deveriam estar na mesma faixa de idade, aproximaram-se, e sem a menor dificuldade permutavam carícias com elas. Beijos alucinados eram trocados e isso se repetia com as demais jovens ali presentes. Era a manifestação da promiscuidade, que a música incitava e a falta de educação dos jovens assumia.

Ione e Tina seguiram dançando ainda por algum tempo, até que o garoto favorito dos traficantes entrou no baile. Ele estava acompanhado por mais três jovens.

Ione, ao vê-lo, cutucou Tina, dizendo:

– Ele chegou, é hoje que ele vai ser meu!

Naquela comunidade, possuía *status* quem estivesse vinculado ao tráfico de drogas.

De boné na cabeça e grossas correntes no pescoço, Bil representava o estereótipo dos jovens da comunidade.

– Vamos nos aproximar deles! – Ione pediu.

Em silêncio, Tina atendeu à amiga.

Não precisou de muito tempo para que ambas estivessem rebolando entre os rapazes.

Na pausa de uma música para outra:

– Tive uma ideia... – Bil avisou. – Que tal nós todos partirmos para um lugar melhor e mandar ver em um *game*?

Ione sorriu.

Elas não tiveram tempo de dizer qualquer coisa e os quatro rapazes saíram dali levando as duas.

Após alguns minutos, em uma rua próxima ao local do baile, o grupo entrou em uma casa. Assim que adentrou a casa, Bil colocou sobre a mesa uma grande porção de maconha e cocaína. E antes de iniciar o jogo todos fizeram uso das drogas.

Ione sentia-se à vontade, e Tina, que até aquele momento demonstrava certo receio, foi se soltando, aos poucos.

Na dimensão espiritual da casa, Vini e Bento envolviam Bil e Jonathan num processo de simbiose mental e energética.

Na prática do *game*, as garotas tinham de acertar algumas perguntas e caso errassem, deveriam tirar uma peça de roupa.

As cenas que vimos registradas no psiquismo de Ione eram degradantes.

Com o passar das horas, Tina conseguiu ir embora, mas Ione permaneceu na casa e fez uso de drogas durante toda noite.

Teve intimidade sexual com os quatro rapazes.

Vini e Bento também participaram do *game* sexual sorvendo as energias genésicas através dos centros de força de Ione, totalmente desequilibrado, e também de Tina, enquanto ela permaneceu na casa.

Já perto de amanhecer Ione passou mal e teve convulsões. E Bil, então, em total descaso e falta de respeito, pediu:

– Então, despacha ela ali perto do cruzeiro!

Sem qualquer senso de humanidade Ione foi deixada pelos rapazes no lugar solicitado, e ali desencarnou de forma degradante.

– Essa é a realidade de milhares de jovens no Brasil e em algumas partes do mundo. Faltam referências positivas, falta família, falta educação e, acima de tudo, Deus nos corações.

– Patrício... o que podemos fazer para auxiliar esses jovens?

— Luiz Sérgio, devemos seguir trabalhando, exatamente como estamos fazendo agora. Aproximar Jesus do mundo juvenil. Esses jovens são os filhos do calvário desses tempos de imoralidades e drogas. Nessas comunidades, muitos outros jovens crescem, estudam e se tornam pessoas de bem. Não é o local que torna a pessoa má, é preciso que outros componentes contribuam para esse quadro de sofrimento. Não existe instrumento mais eficiente do que a família para auxiliar no resgate desses jovens. É a desestruturação familiar que abre as portas para o desregramento. Faltam limites, é preciso dizer não com mais eficiência, mas esclarecer e conversar sobre a razão de dizer não.

— E a Ione? — Zoel indagou.

— A Misericórdia Divina tem seus mecanismos de amparo. Ninguém se encontra à revelia do amor de Deus — Patrício sorriu. — Vejam!

Nesse instante, três jovens entidades adentraram o local, eram três garotas que se aproximavam de Patrício.

— Olá! — ele disse.

— Olá, Patrício! Viemos para auxiliar na condução de Ione.

Chamou-me atenção a maneira como elas estavam vestidas, exatamente como as meninas da comunidade se vestiam.

— Essas são as jovens Ana, Cícera e Wanda, elas cuidarão do auxílio à nossa Ione, daqui para frente — Patrício esclareceu.

— Elas formam a equipe socorrista? — Augusto questionou.

— Isso mesmo! — Cícera respondeu sorrindo. — Trabalhamos na equipe de Patrício e atuamos em comunidades como essa. Ninguém está desamparado em lugar nenhum do mundo. A nossa apresentação visual ajuda no acolhimento dos jovens, que veem em nós a própria identidade.

— A abordagem torna-se mais fácil e a confiança se estabelece de maneira natural — Wanda explicou.

— É melhor vocês atuarem logo, pois Vini e Bento estão prontos para assediar Ione — Patrício orientou.

— E se ela não aceitar a ajuda? — indaguei.

— Nesse caso não poderemos fazer nada e deixaremos que o tempo cumpra seu papel educativo, mas sem que abandonemos Ione definitivamente. Novas abordagens serão feitas, mas não podemos violentar as escolhas de ninguém. As crianças e os jovens também são respeitados por Deus, e cada um recebe o acolhimento consoante a própria capacidade de entendimento — esclareceu Ana, com doce sorriso.

Observamos atentamente a ação das garotas que se aproximaram de Ione.

A jovem recém-desencarnada não percebia a nova realidade.

— Oi, Ione! — Cícera cumprimentou.

— Você consegue falar comigo?

— Nós também... — Ana e Wanda falaram, se aproximando.

Nesse momento Vini e Bento se aproximaram.

— Ei, quem são vocês? — Bento questionou.

– Olá! – Cícera cumprimentou os dois. – Eu me chamo Cícera e essas são Wanda e Ana.

– Nossa... Garotas novas na comunidade... – Vini falou com ironia.

– Quem são vocês? – Ione perguntou.

– Não nos conhece? Estivemos na mesma balada, não lembra? Eu sou o Vini e ele o Bento.

– Ela não se recorda – Cícera interveio.

– Vamos deixar Ione tranquila, certo? – Ana indagou.

– Queremos levar ela para outra balada! – Bento afirmou.

– Onde vai rolar? – Ione se animou.

– Assim que se fala garota! – Vini comemorou.

– Podemos ir todos juntos? – Cícera propôs.

Desconfiado, Vini cochichou no ouvido de Bento e disse:

– Acho que pode ser divertido...

– Também queremos levar vocês para uma balada! – Ana falou sorrindo.

– Beleza... Vamos nessa! Está muito chato aqui! Mas antes de ir a gente pode se chapar um pouco... Para poder curtir mais!

– Estou dentro – Cícera concordou – mas queremos embalar em outro lugar. Nós vamos nos arrumar e voltamos a encontrar vocês aqui.

– Sabe como é as mulheres não gostam de sair de qualquer jeito, não é, garotas? – Ana questionou sorrindo.

Rapidamente Cícera, Ana e Wanda saíram levando Ione com elas.

Acompanhamos o auxílio dado a Ione, até o instante em que as garotas socorristas a envolveram em energias de amor através de passes calmantes.

A agitação interior da garota amenizava, pouco a pouco, e ela era transportada para o posto de socorro.

– Talvez ela se revolte quando despertar para a nova realidade – eu ponderei.

– Isso é natural e acontece com frequência, mas temos algo irresistível a nosso favor, o amor. Jovens iguais a Ione, nas condições em que ela vivia, que na verdade, sobrevivia, não estão acostumados a receber amor. A força desse sentimento é tão intensa, que é necessário ser ministrado em doses graduais. Para aqueles que não estão habituados com respeito, carinho e atenção, é preciso paciência.

Novamente, Patrício demonstrava visão mais abrangente em relação ao amor que devemos ofertar ao nosso próximo.

Fomos aprendendo que o amor deve ser ministrado gradualmente aos filhos do calvário. Se alguém passa a vida se alimentando de migalhas afetivas, deve se acostumar paulatinamente a digerir o pão da vida que é o amor de Deus.

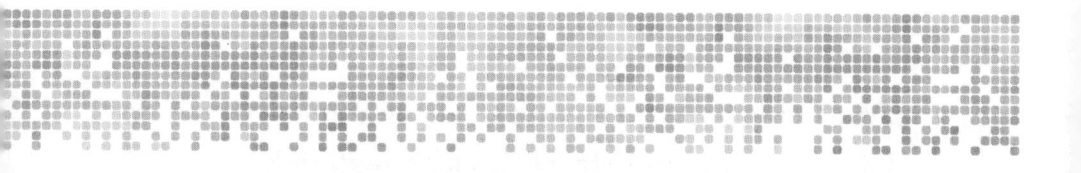

CHOKING GAME

São muitos os dramas e dores nesses dias em que o real se mistura com o virtual.

A fala pode ser repetitiva, mas precisamos alertar nossos jovens e seus pais e responsáveis quanto à necessidade de se ter limites no acesso à vida virtual.

Muitos acreditam que manter os filhos dentro de casa nesses tempos de violência é garantia de que eles estarão protegidos. É um grande engano que se comete ao se considerar o fácil acesso ao mundo digital, e as dores e vícios que essa prática traz. Basta aos nossos jovens terem a *internet* liberada, seja pelos telefones celulares, *tablets* ou computadores, sem imposição da disciplina, para que a suposta segurança deixe de existir.

A vulnerabilidade hoje é grande demais. Do próprio quarto, a criança e o jovem buscam todo e qualquer tipo de informação. Esses riscos, aliados à permissividade excessiva dos responsáveis, têm levado muitas lágrimas às famílias.

Patrício convidou-nos para estudar mais um caso.

Dessa vez, diferentemente das situações anteriores, não fomos a um cemitério, mas chegamos em uma residência cujo aspecto denotava que a família que ali residia gozava de confortável situação material.

Entramos, nós quatro, e em sala ampla nos deparamos com um adolescente desencarnado. Entristecido, ele estava abraçado à mãe, que choramingava a morte do filho.

Um espírito familiar veio até nós, saudando Patrício:

— Que alegria em meu coração, que bom, minhas preces foram ouvidas.

— Manuela, como estão as coisas por aqui?

— Ah! Patrício, a família está destruída, desde que o corpo do Cauê foi encontrado naquelas condições. Tenho me esforçado para inspirar pensamentos de renovação e consolo a toda família, mas infelizmente meus esforços têm sido em vão.

— Esse é Luiz Sérgio, nosso companheiro e amigo dos jovens...

Meneei a cabeça com um sorriso discreto e apresentei:

— Esse é Zoel e o nosso irmão de jornada, Augusto.

— Manuela, o Luiz Sérgio está elaborando novo trabalho, que trata justamente da influência de alguns *games* e do mundo virtual na vida dos nossos jovens. Estimaria que o caso do nosso Cauê lhe fosse apresentado, porque sabemos que em vários lugares do mundo situações iguais a essa podem estar se repetindo.

— Estou à disposição para colaborar. Faz algum tempo, que junto com outras entidades simpáticas a essa família, tentamos alertar sobre os riscos da vida virtual de Cauê, que era totalmente sem limites. Ele era um jovem muito fechado, de poucos amigos. No entanto, quando se conectava a outros jovens para jogos *multiplayer*, ele se transformava. Era um garoto dócil e tranquilo, mas vivia sozinho na maior parte do tempo. Os pais sempre ocupados não dedicavam muita atenção a ele. E mesmo quando estavam em casa, era comum ver o menino ir à cozinha na hora das refeições preparar seu prato e se trancar novamente. Nos últimos tempos ele passou a jogar todas as noites. Embora existam milhões de jovens adeptos desses jogos em todo mundo, Cauê fazia questão de jogar sempre com quatro amigos. Infelizmente, os pais nunca se preocuparam em colocar limites à vida virtual dele. Com o tempo, ele passou a experimentar certa dependência. Para ele era muito comum virar a noite jogando. E a situação foi se agravando devido à prática do *choking game* entre os seus parceiros.

– *Choking Game*? – indaguei curioso.

– Sim, Luiz Sérgio, o *choking game* é uma prática que infelizmente tem crescido entre os jovens.

– E como funciona isso? – Zoel inquiriu ansioso.

– Aquele que não alcança a pontuação combinada para o *game* asfixia-se com as próprias mãos, ou com algum objeto, vindo a desmaiar.

– Difícil acreditar nesse tipo de coisa – comentei.

– Mas infelizmente é verdade – Manuela silenciou por alguns instantes e prosseguiu: – Cauê já havia tentado se asfixiar em outras duas oportunidades, situação que foi acompanhada *online* pelos outros jogadores. Manuela não conseguiu dominar a emoção e de seus olhos correram grossas lágrimas.

– Eu me desesperei... Tentei de todas as formas chamar atenção dos pais para os fatos, mas não logrei resultado. Quando os pais chegavam em casa gritavam do pé da escada por Cauê, que respondia gritando lá de cima. Faltavam abraços, beijos, cheiro de gente na vida do garoto. Os dias passavam e eu me desesperava cada vez mais. Pedi ajuda, fiz de tudo, mas não consegui. Há quinze dias, durante o jogo, ele não atingiu o número de pontos para passar de fase junto com os amigos, então, o *choking game* foi proposto por um deles. E todos acompanharam *online* o instante em que Cauê, improvisando algumas coisas, enforcou-se de maneira inconsequente e estúpida.

Fiquei profundamente abatido com a narrativa de Manuela e com o quadro diante dos meus olhos – o filho desencarnado abraçado à mãe, que não tivera tempo para cuidar dele em vida, mas que naquele momento tinha todo tempo do mundo para chorar sua morte.

E quantas situações como essa estão se repetindo em todo mundo neste momento? Os filhos livres, sem limites, ou alguém que lhes eduque com base na disciplina. Crianças que têm a TV por companhia e jovens que são educados através da *internet* onde acessam todo tipo de conteúdo.

E agora estávamos ali, diante de mais um drama, de mais uma oportunidade reencarnatória desperdiçada. Meus pensamentos foram interrompidos pela palavra carinhosa e encorajadora de Patrício:

– Nesse instante, necessitamos mobilizar nossas melhores energias e esforços na condução do jovem Cauê, para que ele receba auxílio segundo suas necessidades.

– Peço me perdoem o aflorar da emoção – disse Manuela.

– Qual de nós não se emocionaria com sua narrativa? – indagou Augusto.

– Vou tentar abordá-lo!

– Olá, Cauê! – Patrício o cumprimentou, fazendo-se visível para o jovem.

– Quem é você? O que faz na minha casa?

– Sou amigo da sua família...

– Mas eu nunca vi você aqui!

– Pois é, faz alguns anos que eu não venho... Você deve ser o Cauê, não é verdade?

– Sou sim... e estou muito doente, mal consigo falar por causa da dor em minha garganta... Não sei o que se passa, mas algo aconteceu que não consigo falar com minha mãe. Ela não me ouve e nem me percebe.

– Mas, foi justamente por isso que eu fui chamado. Vim para te ajudar a conversar com sua mãe. É isso que você quer?

— Sim, é o que mais quero. Preciso pedir desculpas para ela. Prometi não mais fazer o *choking game*, mas desobedeci.

— Te entendo, sei como é isso.

— Você já fez o *choking game*?

— Nunca fiz, mas já ouvi falar como é.

Cauê levou a mão à garganta, que estava marcada e machucada pelo enforcamento que ele havia se imposto. Ele tossiu.

— Estou arrependido, desde o dia em que fiz o *choking game* não consegui falar mais com minha mãe e meu pai. Eu tento, mas eles não me ouvem.

— Vou pedir para você não falar agora. Quero que confie em mim, eu te prometo que mais tarde você vai conseguir conversar com seus pais.

Nesse ínterim, durante a conversa entre eles, a mãe de Cauê dirigiu-se até a cozinha onde ingeriu medicamentos para dor de cabeça. Atormentada, ela caminhou para o quarto e se deitou, procurando descansar.

— Tenho alguns amigos que vieram comigo, que eu gostaria de apresentar a você, quer conhecê-los?

Cauê apresentava certa apatia, mas Patrício procurava envolvê-lo em vibrações de paz e harmonia.

Em relação ao ato suicida, o jovem não poderia ser enquadrado na categoria de suicida comum, pois existiam alguns atenuantes para aquela situação. Na realidade, Cauê foi um suicida inconsequente, irresponsável com a própria vida, pois ele brincou sem medir as consequências de seu ato, porém não houve intencionalidade, desejo de fugir da vida em direção ao nada. Haveria, contudo, consequências que no tempo certo ele recolheria, mas o que ele menos precisava no momento, em razão de sua maturidade e entendimento, era de acusações e recriminações.

Fomos apresentados a ele, que de imediato se identificou com Manuela. Ela tinha profunda ligação com a família, apesar de Cauê não se recordar dela.

O jovem foi envolvido em carinhosas vibrações de acolhimento por todos nós. E depois de algum tempo adormeceu. Mas, antes que ele pudesse ser levado para o posto de socorro era imprescindível para a saúde emocional dos envolvidos que houvesse um encontro entre Cauê e seus pais.

– Eu meditava na questão do suicídio em relação ao nosso Cauê, e acredito que ele não se situe na mesma faixa daqueles que desejam empreender a fuga da vida pelo autoaniquilamento.

– Tem razão, Luiz Sérgio. Cada espírito é um universo em si, e cada qual responde pelas ações praticadas. Cauê é sim um suicida e com o tempo recolherá os resultados dos seus atos. Ele não acreditava que fosse acontecer com ele, mas sabia que podia morrer fisicamente. No entanto, o amor de Deus é o mesmo para todos os seus filhos, mas cada um deles semeia o que quer, e colhe o que semeou. As leis que regem a vida são iguais para todos, sem exceção, não há privilégios, muito menos beneficiados.

A noite veio, e com ela o pai de Cauê retornou do trabalho. Ele e a esposa mal se falaram. Cauê, por sua vez, ainda dormia sob o efeito magnético do passe recebido.

Desde a morte do filho os pais apresentavam alguma dificuldade para dormir, e naquela noite não foi diferente. Assim que eles conseguiram relaxar um pouco, Patrício pediu-nos para fazer uma oração e aplicar passes longitudinais no casal. Minutos após, os pais de Cauê estavam em espírito, desdobrados do corpo físico. Patrício, por sua vez, aproximou-se e amorosamente os preparou para o contato.

O sono físico é um portal para encontros espirituais. Muitas vezes as pessoas não se recordam, contudo, o sono físico representa um instrumento de equilíbrio e consolo para os que se separam pela distância promovida pela morte física.

– Sei que ambos se cobram muito pelo distanciamento da relação de vocês, enquanto pais, do seu filho Cauê.

Ambos começaram a chorar.

Patrício irradiava grande energia a se desprender do seu coração.

Manuela estava em outro cômodo junto com Cauê, enquanto Augusto, Zoel e eu presenciávamos a amorosidade com que o jovem Patrício argumentava com os pais. As palavras dele eram tão cheias de carinho e ternura, que o casal se deixava embalar palavra por palavra. E Patrício prosseguiu:

– Quem de nós já não perdeu inúmeras possibilidades de ser feliz e amar? Nosso Pai, amoroso e bom, não tem penas condenatórias, ou acusações para qualquer um de nós, pois Ele sabe da nossa condição de aprendiz. Ele nos pede para não errar mais, para valorizarmos todas as oportunidades de viver o amor.

– Após essa noite, quando despertarem pela manhã, dificilmente eles se lembrarão do que vão vivenciar agora, mas uma energia renovada tocará suas almas. E isso lhes permitirá seguir adiante e aceitar com mais resignação a dura lição que suas escolhas proporcionaram. Seu filho segue vivo como espírito...

Nesse instante, Manuela adentrou o quarto do casal de mãos dadas com Cauê. Falta-me capacidade para transcrever em palavras a emoção vivida por todos. Entre abraços, palavras efusivas e emocionadas de arrependimento, promessas de nova etapa e fidelidade familiar foram trocadas.

Naquele momento, Patrício pediu-nos oração silenciosa para amparar e envolver aquelas almas. Assim que as emoções se asserenaram, Patrício pediu que eles se despedissem. Novas emoções. Porém, com a retaguarda espiritual que envolvia o ambiente, os pais de Cauê foram conduzidos ao corpo físico, e o jovem levado por Manuela para o posto de socorro.

Fiquei tocado por tudo aquilo. Eu me senti profundamente abençoado, por poder testemunhar a grandeza do amor de Deus por todos os seus filhos.

Espontaneamente, Zoel, Augusto e eu nos abraçamos e, para nossa alegria, Patrício uniu-se a nós naquele abraço de quatro corações.

REDES SOCIAIS

O aprendizado era constante e todos nós agradecíamos muito as bênçãos do trabalho.

Embora tivéssemos conhecimento a respeito de tantas coisas que vêm ocorrendo com os jovens no uso das mídias e no mundo virtual, as surpresas se sucediam, porque ver e sentir de perto as situações envolvia-nos em grande emoção. Entretanto, ainda aprenderíamos muito com o nosso jovem líder Patrício.

– Vamos visitar uma pessoa que passa por graves distúrbios comportamentais e espirituais, e que com tais atitudes coloca em risco a segurança de crianças e jovens.

Patrício demonstrava grande preocupação na entonação da voz.

– Mas, qual a natureza do problema, podemos saber?

– Luiz Sérgio, o número de criaturas viciadas e aturdidas na área do comportamento sexual é impressionante. O desajuste e a falta de controle dos apetites mais grosseiros são realmente preocupantes.

– Você se refere à pedofilia, Patrício?

– Não apenas à pedofilia, Zoel, mas, todas as práticas sexuais que resvalam na viciação também têm seu componente espiritual. Graves processos obsessivos são desencadeados pelas portas do desejo sexual desenfreado. Crimes de toda ordem acontecem. Com o advento da *internet*, nossos jovens facilmente se apoderam de farto material que faz apologia ao sexo livre, sem responsabilidade.

— A situação é realmente grave.

— Isso mesmo, Luiz Sérgio! Crimes, traições e famílias destruídas, porque as pessoas entregam-se às paixões sem a menor preocupação com sentimentos de lealdade e amor. É o império do prazer, que arrasta crianças e jovens também.

— Como impedir que crianças e jovens tenham acesso a esse mundo?

— Isso não é possível, Zoel, respondi, pois o acesso ao mundo virtual popularizou-se de tal forma, que não há mais como retroagir, é um processo sem volta. A única ação preventiva contra todos os males é a educação. Pais e educadores devem, de maneira pedagogicamente adequada, conversar com as crianças e os jovens, de modo aberto e inteiramente responsável, a respeito desses assuntos. A educação é a medida protetora por excelência.

— Tem razão mais uma vez, Luiz Sérgio. O uso dessa tecnologia com sabedoria passa pela educação também. A *internet* é um meio pelo qual as pessoas evidenciam suas tendências acreditando estar de certa forma protegidas. Acompanhem-me.

Era noite de sexta-feira, por volta de vinte e duas horas, quando chegamos a uma casa em bairro periférico de uma grande cidade. Na sala, os pais conversavam animadamente, no quarto, um menino estava conectado à *internet* com um *tablet*, e, ao lado dele, a avó desencarnada.

Assim que entramos, ela saudou Patrício com semblante aliviado, mas evidenciando muita preocupação. Com muita simpatia, ela nos recebeu com palavras acolhedoras e agradecendo nossa presença.

– Nair, – Patrício falou com carinho – somos nós que agradecemos a oportunidade de estar aqui contigo.

– Patrício, esse é meu neto, Ricardo, é ele a razão das minhas mais profundas preocupações. Ele vem estreitando laços, que por enquanto são virtuais, com mentes perigosas.

– Quantos anos ele tem? – indaguei curioso.

– Nove anos, mas seu desembaraço para mexer com essas tecnologias me surpreende a cada dia. Todas as noites ele entra em um *chat* para conversar com fãs de um *game*, e foi dessa forma que certo homem se aproximou dele, fazendo-se passar por um garoto, que vem aliciando meu neto, e ele, inocentemente, não se dá conta de toda trama.

– E quais os assuntos que ele conversa com Ricardo? – Augusto indagou.

– A princípio as conversas giravam apenas em torno do mundo dos *games*, mas com muita astúcia ultimamente ele vem pedindo ao meu neto para enviar algumas fotos. Sob alegação de que os pais dele precisam saber com quem ele conversa, pediu a Ricardo as fotos para ver como ele era. Gradativamente e maliciosamente, esse personagem vem se acercando do menino e tendo ascendência sobre ele, e meu neto não percebe que está sendo envolvido.

— E Ricardo não pediu as fotos dele? — Zoel questionou.

— Sim, ele pediu, mas o nosso aliciador habilmente enviou-lhe fotos de um menino — após breve pausa ela prosseguiu. — A verdade é que meu neto está enredado nessas malhas, que por enquanto são virtuais.

— É assim que se inicia o processo de conquista e aliciamento, mas, e os pais? — indaguei.

Nair franziu a testa e esclareceu:

— Sinto-me constrangida em falar sobre isso, principalmente em se tratando da minha filha, mas ela e o marido estão presentes e ausentes ao mesmo tempo. Chegam tarde em casa após o dia de trabalho, e Ricardo passa o dia todo na escola. Ele sempre chega cheio de novidades para contar e deseja conversar, mas os pais nunca têm tempo. Vivem no mundo dos interesses próprios, do progresso profissional e das viagens programadas que querem empreender para conhecer o mundo. Vamos até a sala onde eles estão agora...

Deixamos Ricardo por alguns minutos e nos dirigimos à sala confortável onde o casal conversava animadamente.

– Pelos meus cálculos, não falta muito para realizarmos o nosso sonho de conhecer a Europa – dizia o pai.

A mãe sorriu e comentou:

– Enfim, iremos à Europa, não vejo a hora! Espero que nas suas contas estejam incluídas as despesas com meu guarda-roupa, afinal, uma viagem dessas pede roupas especiais. Imagine só postar nossas fotos nas redes sociais sem estar vestida elegantemente?

– Não se preocupe, querida, tudo está incluído no pacote de gastos.

– E o que faremos com Ricardo?

– Ele fica com meus pais...

– Mas, você sabe que ele não gosta de ficar lá. Seus pais não têm *internet* em casa, e a vida do menino vai ser um tédio. Essa coisa de criar bichos, de quintal arborizado, interessa apenas aos seus pais que estão velhos, e Ricardo não pode ficar sem os jogos *online*, que tanto o ocupam. Veja, a essa hora nós dois estamos aqui liberados para fazer as nossas coisas, enquanto ele fica conectado.

– É verdade, querida! Você sabe que eu não queria ter filhos agora, mas seu descuido nos custou caro e a gravidez aconteceu. Se dependesse de mim esse menino não tinha nascido.

— Não fale assim, Ricardinho não dá trabalho para a gente. Se for o caso, a gente paga alguém para ficar aqui em casa com ele.

— Mais gastos? De jeito nenhum! Ele que se vire na casa dos meus pais.

— Mas, você nem falou com eles ainda!

— Depois eu vejo isso.

— Faz quanto tempo que você não vê seus pais?

— Nem sei, acho que faz uns quatro meses, não tenho muito tempo, e sabe como é, a conversa deles é sempre a mesma. Não tenho tempo para o blá blá blá dos velhos.

Ela deu de ombros.

Olhei para Nair e percebi que ela estava totalmente desconcertada com a situação. Rompendo o silêncio em que todos estávamos mergulhados, refletindo na situação, ela comentou:

— A responsabilidade por toda essa situação é também minha...

Eu quis intervir com algumas palavras para aliviar o desconforto de Nair, mas Patrício me fez um sinal, pedindo que eu a deixasse falar.

— Hoje vejo, com toda clareza, o resultado da educação que leguei à minha filha. Com a visão espiritual, que a condição de desencarnada me revela, vejo o tamanho e a gravidade da responsabilidade dos pais para com os filhos. O amor verdadeiro não é permissivo, não é autoritário, não é desinteressado. Realmente a paternidade é uma missão. E que grandiosa oportunidade os pais têm para conduzir essas almas que chegam ao nosso lar a caminho da evolução.

Ela parou de falar e grossas lágrimas correram por sua face.

Respeitosamente silenciamos, e, após alguns instantes, Patrício comentou:

– Compreendemos suas lutas, Nair...

Diante das palavras do nosso jovem líder, ela asserenou e prosseguiu:

– Preciso terminar meu relato, para dar a exata dimensão das consequências das nossas ações como educadores de almas. Na Terra, acreditamos que educamos aqueles corpos perecíveis e passageiros, nossa visão é tão pequena e limitada. Compramos os nossos filhos com coisas, os educamos com base nas barganhas emocionais, com o uso das recompensas. Isso não é educação, é castração das potencialidades que uma educação bem conduzida pode obter. Criei minha filha sozinha, pois o pai nos abandonou, trocando-me por outra, mas mesmo assim, isso não pode servir de álibi para minha permissividade excessiva. Sob o argumento de que o pai não se fazia presente, tudo era permitido. A cada solicitação de minha filha, que e eu não podia atender, sentia grande revolta e me consumia por dentro. Sofria demais, valorizando sobremaneira o que julgava ser uma privação. E ela foi crescendo assim, sem receber um "não", que lhe colocasse freio aos anseios descabidos. Corrompi minha filha, essa é a realidade, e agora, por extensão, corrompo o meu neto também...

A fala foi interrompida, dando lugar aos soluços.

Intimamente eu orei por ela, por toda a família.

Pensei em todas as crianças, em todos os pais.

Quantas bênçãos o Espiritismo revela, quando nos aponta o caminho para a educação do espírito imortal.

Todas as sementes educativas lançadas na alma infantojuvenil darão frutos no tempo oportuno, nessa ou em outra vida.

O lar é fundamental para adquirirmos as bases educativas da vida atual, porém, como espíritos imortais já carregamos uma bagagem de valores éticos morais que manifestamos de forma nata, desde que reencarnamos. Daí a diferença comportamental entre filhos dos mesmos pais, uns se revelam naturalmente educados e portadores de belos princípios morais, outros reiniciam o aprendizado nos lares onde aportam, aguardando dos pais a condução amorosa, mas eficiente para o crescimento.

Na Terra, algumas pessoas afirmam que os dedos das mãos não são iguais, referindo-se aos filhos que têm, e elas pronunciam uma grande verdade, pois a reencarnação confirma essa realidade. Quando educamos, passamos valores para o espírito imortal, não para corpos que sucumbirão à passagem do tempo.

Meus olhos denunciavam a emoção que tomava conta de mim. Fui retirado das minhas reflexões pela voz de Patrício:

– Nair, quem de nós em nossa história evolutiva não chorou as benditas lágrimas do aprendizado doloroso? Não se recrimine por despertar. À medida que a nossa visão em relação aos aprendizados da vida evolui, é natural que reconheçamos os próprios equívocos. Sua constatação não deve ser motivo de sofrimento, mas de novo aprendizado, e motivo para prosseguir com o seu esforço em prol dessas almas. Sua filha não está algemada aos princípios educativos que você legou. Ela é livre para seguir novos caminhos, daí a bênção do livre-arbítrio.

– Muitos espíritos, embora tenham recebido uma educação permissiva, não se entregaram a uma vida dissoluta e sem objetivo. Os pais são facilitadores da aprendizagem na vida dos filhos, mas sempre vem a hora em que eles próprios escolherão os caminhos que desejam seguir. Não se entregue ao desânimo, a culpa não é herança que deve passar de pais para filhos como os valores pecuniários do mundo. As leis magnânimas e naturais, reveladas pelo amor de Deus, não permitem que alguém carregue o peso da responsabilidade de geração para geração. Sua filha é responsável pelo Ricardinho, assim como o marido dela. Evite a lamentação, e por mais que testemunhe o sofrimento dos seres que ama, não se esqueça que eles são livres para escolher o caminho que desejam seguir.

Nair ouviu aquelas palavras esclarecedoras e sentiu-se confortada.

Após a fala de Patrício, pensei no drama de tantos jovens que se encontram à revelia da atenção dos pais e me emocionei. Silenciosamente, orei novamente. Minhas vibrações caracterizadas pela prece foram captadas por todos, inclusive por Nair. E nesse instante, fui acompanhado por aqueles corações queridos, e todos nos irmanamos em oração.

Nesse lado da vida é assim, pensou se revelou.

Encerrei a oração, tocado de profundo sentimento de gratidão.

– De fato, o Espiritismo é uma fonte de conhecimentos e orientações para nossa conduta na Terra – Augusto comentou de maneira especial.

Recordei-me de uma questão de O livro dos Espíritos, mais especificamente a pergunta 582, no capítulo X, que trata das "Ocupações e missões dos Espíritos". Nesse questionamento de Allan Kardec encontramos a presença do Espiritismo como Consolador entre nós. Nesse momento em que tantos pais não têm a percepção clara do seu papel na vida dos filhos, essa indagação aponta caminhos, orienta a vida das pessoas em tempos tão complicados para a educação dos seres.

– Excelente lembrança, Augusto! – E dirigindo-se para Nair, Patrício afirmou: – É o Consolador prometido por Jesus entre os pais e educadores!

– *Pode-se considerar a paternidade como missão?* – eu intervi perguntando, e eu mesmo respondi com todas as palavras.

Sem dúvida, é uma missão. É, ao mesmo tempo, um dever muito grande e que envolve, mais do que o homem pensa, a sua responsabilidade quanto ao futuro. Deus colocou o filho sob a tutela dos pais, a fim de que estes o dirijam pelo caminho do bem, e lhes facilitou a tarefa dando à criança uma organização física frágil e delicada, que a torna acessível a todas as impressões. Mas há quem se ocupe mais em endireitar as árvores do seu jardim e fazer que deem bons e abundantes frutos, do que em endireitar o caráter de seu filho. Se este vier a sucumbir por culpa dos pais, sofrerão os genitores as consequências dessa queda, recaindo sobre eles os sofrimentos do filho na vida futura, por não terem feito tudo quanto deles dependia para que o filho avançasse na estrada do bem.

– Essa é questão 582, a qual o Augusto se referiu.

– Nossa! Você está afiado, Luiz Sérgio!

– Na verdade, Zoel, li e reli essa pergunta inúmeras vezes, por causa do meu trabalho junto aos jovens. Em nossos cursos na Colônia Maria de Nazaré, as respostas das questões formuladas por Allan Kardec são motivo de nossas reflexões. A educação que os pais ofertam aos filhos ultrapassa muito os limites de uma encarnação apenas. Ocorre que a maioria não percebe isso. Educar é ação que repercute pelos séculos afora.

– Seja como for, a memória está afiada, Luiz Sérgio.

– Essa é a vantagem de ser jovem, Patrício – respondi sorrindo.

E todos sorriram também.

– Nem imagino os seus milênios de idade, Luiz Sérgio, – Augusto brincou. – Por trás desse corpinho espiritual de vinte e três anos deve existir um Matusalém. Acho que você fugiu do Egito junto com Moisés.

– Quanto exagero, Augusto, sou muito jovem ainda.

Sorri com o coração feliz, diante dos momentos fraternais que o trabalho no bem nos oferece. A alegria é combustível para as mais nobres realizações.

Nair também descontraiu com a nossa brincadeira. Ela, como todos nós, estava aprendendo que toda construção no campo da educação repercute na condição de imortalidade do educando.

"MENINO VIRTUAL"

Patrício sugeriu que fôssemos conhecer o personagem "virtual", que se tornava a cada dia uma ameaça real para o neto de Nair.

Aprendi que cada computador tem o seu número de IP e pode ser rastreado, se for necessário, mas em nossa dimensão não necessitamos desse recurso, pois pudemos localizar a pessoa que se passava por um menino virtual pelas vibrações e sintonia estabelecidas entre as personagens daquela situação. E, fixados nesse "rastreamento espiritual", partimos para o local.

O deslocamento foi rápido e em breve tempo chegamos. Era uma casa localizada em bairro afastado da cidade. Na entrada, encontramos algumas entidades de aspecto sombrio, que pareciam exercer vigilância. Passamos por elas sem ser vistos, devido à frequência vibracional das mesmas ser ainda demasiadamente grosseira.

O interior da residência era malcuidado e revelava que o morador não era dado aos zelos básicos de higiene e limpeza. A psicosfera dos cômodos era grosseira e pesada. Certamente, um médium vidente descreveria o interior do ambiente tomado por certa névoa energética a adensar a atmosfera.

Em um quartinho no fundo de um corredor, que não era muito comprido, de costas para a porta de entrada do cômodo, vimos um homem à frente de um computador. Ao lado dele duas entidades, uma feminina e outra masculina. Ambos usavam roupas listradas, parecidas com um pijama. Surpreendi-me ao observar a Estrela de Davi estampada na roupa de ambos.

Tudo chamava nossa atenção, mas, o que mais saltava à nossa percepção eram as vibrações coléricas de ambas as entidades, destiladas contra aquele homem. Achei o quadro muito estranho e a curiosidade imediatamente tomou conta de mim. Quem seriam aqueles espíritos? Precisei conter minhas indagações e tive de aguardar o desenrolar da situação.

Ficamos em silêncio, apenas observando o triste quadro.

O personagem que manipulava o computador aparentava a idade aproximada de trinta anos.

Na parede, do que parecia ser um quarto de dormir várias fotos de crianças e jovens despidos.

Aproximamo-nos da tela do computador, a fim de ler o que ele escrevia. Três caixas de diálogo estavam abertas, e vimos que ele conversava com duas meninas e um menino, que era justamente o neto de Nair. Com uma das meninas, ele falava com mais intimidade pedindo fotos, no que era atendido de pronto.

Nesse instante, Patrício pediu para que eu e Zoel nos deslocássemos até a casa da menina, que cedia mais facilmente aos pedidos daquele homem.

Atendemos de pronto e partimos. Em instantes, estávamos na intimidade doméstica daquele lar. Verificamos que os pais dormiam, e, desdobrados espiritualmente, permaneciam dentro do próprio quarto. Por sua vez, a garota tinha toda liberdade para permanecer na *internet* até o momento que desejasse.

Ao lado dela, encontramos uma entidade feminina de aspecto sombrio, usando roupas justas que procuravam realçar os dotes femininos. E, ao observarmos detidamente o ambiente, fomos surpreendidos:

– Emissários do bem... que bom que vocês estão aqui...

A voz vinha de um senhor desencarnado, que manifestava angústia em seus traços.

– Minhas preces foram atendidas. Venho tentando ajudar minha neta, mas meus recursos são limitados, descobri que em certas situações a boa vontade não basta.

– Desejamos ajudar, mas precisamos conhecer um pouco mais a situação – eu esclareci.

Ele sorriu confiante e começou a falar:

– Meu nome é Isaac, e tenho estreita ligação com Raquel.

— Custo acreditar que ela tenha tanta liberdade para permanecer conectada e vulnerável às influências da *internet* — Zoel comentou, revelando preocupação.

— Venho procurando influenciar meu filho, pai dela, para que esteja mais próximo a essa menina. Às vezes, ele se faz mais presente, mas na maioria das vezes Raquel tem toda liberdade. Na escola, ela troca informações com outros colegas sobre todo tipo de *site*. Meu filho se ilude, acreditando que ela esteja em segurança por estar dentro de casa. O perigo hoje começa pela falta de limites na conduta virtual.

— Isso mesmo, Isaac! As ameaças são sutis, mas não menos devastadoras, porque mesmo sentadas na sala junto aos pais, se as crianças e jovens estiverem de posse dos seus celulares e *tablets* elas estarão vulneráveis a todo tipo de influência. O que os pais não percebem é que os "inimigos desencarnados" já perceberam que através das portas virtuais eles ganham acesso ao psiquismo das pessoas. Uma criança ou um jovem, sem estrutura de valores éticos morais, proporcionados por uma boa organização familiar, tornam-se presas fáceis das ciladas planejadas pelas mentes desencarnadas — eu esclareci.

— Faltam consciência e clareza, para os que retornam às lutas na carne, de que somos imortais, e que uma vida está ligada às vidas precedentes. Independentemente da idade física, cada um de nós carrega consigo os arquivos de suas vidas anteriores. Os equívocos, os dramas, assim também as conquistas nobres são bagagens arquivadas em nosso perispírito – Zoel complementou.

– Parece que nas redes sociais as pessoas revelam muito da própria essência...

– Patrício! – exclamei. Surpreendemo-nos com a chegada inesperada do nosso jovem líder.

E ele, então, passou a detalhar os meandros daquele atendimento a Eriberto e às crianças:

– Viemos para ajudar, e queremos acompanhar pessoalmente cada criança que está sendo aliciada pelo Eriberto. Decidimos começar por Raquel, e estudar detidamente o histórico das personagens envolvidas nesse drama doloroso. Para isso, contamos com a preciosa colaboração de Isaac, devido às suas ligações profundas com a alma dessa menina. Depois iremos até o neto de Nair e, mais à frente, estenderemos nossas ações a outra garota enredada por Eriberto. Aguardaremos o momento de Raquel se render ao cansaço e se entregar ao sono físico, para investigarmos as raízes desse problema coletivo.

– Todos estão interligados, é o que vamos percebendo aos poucos, é isso?

– Sim, Augusto, o acaso não faz parte do dicionário divino, vamos entendendo isso claramente – Patrício obtemperou.

Passada menos de uma hora, e após enviar duas fotos novas para Eriberto, Raquel saiu do computador e caiu feito "uma pedra" na cama, que ficava ao lado da escrivaninha.

KLAUS

Não foi preciso aguardar muito tempo para que Raquel, desdobrada espiritualmente, estivesse ao nosso lado.

Isaac, nesse momento, acercou-se da menina com muita ternura e disse:

– Minha pequena, como eu agradeço a Deus a oportunidade de estar junto a você...

– Vovô... – ela disse com carinho e, enternecidamente, aconchegou-se em seus braços.

Raquel, demonstrando certo medo, murmurou receosa:

– Vovô Isaac... Eles não vêm hoje... tenho medo...

– Acalme-se. Tudo vai ficar bem. Fique aqui no colo do vovô.

Feito criança amedrontada, a menina abrigou-se no colo do avô e se aquietou.

Nesse instante, Patrício dirigiu-se até ela e impôs a destra sobre o centro de força coronário de Raquel. As energias desprendidas das mãos do nosso jovem Orientador eram de cor azul brilhante, quase transparente. Ele envolveu todo corpo espiritual da garota, que experimentava sensações de paz e harmonia.

Ela olhou para o avô e sorriu confiante.

Patrício pediu-nos recolhimento e oração, dizendo:

– Amigos, vamos perscrutar agora fatos do passado da nossa Raquel, para conhecermos as causas da situação presente. Tudo que o espírito vivencia na atual encarnação tem natural encadeamento com suas vidas passadas. Observemos detidamente as imagens mostradas pela tela mental da menina.

Ela continuava tranquila, serena, nos braços do avozinho.

Diante de nós, uma tela fluídica brilhante abria-se aos nossos olhos. Pude perceber pelas características do ambiente e dos personagens que surgiam que a cena se passava na Europa, pois diante dos nossos olhos desfilavam homens, mulheres e crianças com aquelas roupas listradas típicas dos prisioneiros judeus durante a segunda guerra mundial.

As imagens antes confusas, das lembranças de Raquel, naquele momento se ordenavam e com clareza podíamos assistir às cenas.

Observamos um trem parado de onde desciam várias pessoas, famílias inteiras. O local estava repleto de soldados alemães que pude identificar graças ao tipo de capacete e uniforme estampados com a suástica. Nem é preciso dizer que fiquei emocionado, então, fiz uma prece para me fortalecer, pois pressentia que as cenas que assistiríamos seriam fortes.

Estávamos dentro de um campo de concentração.

Dentre as imagens embaralhadas na mente da menina pude ver, no início, a famosa frase que ficava na entrada do campo de *Auschwitz-Birkenau*: "ARBEIT MACHT FREI" – que quer dizer, "o trabalho liberta".

Estranho paradoxo, já que naquele campo o destino dos judeus era a morte por asfixia nas câmaras de gás, ou a morte pelo trabalho forçado.

Nada de liberdade.

Auschwitz-Birkenau foi o maior campo de concentração concebido pelo nazismo, com quatro câmeras de gás com capacidade para duas mil pessoas cada uma.

As lembranças que atormentavam Raquel reportavam-se ao temido campo.

Fixamos nossa atenção em uma família de judeus que desembarcava do trem de prisioneiros, porque uma das duas meninas, assustada, chorava insistentemente. Não foi difícil identificar a figura de Isaac acalentando a sofrida criança.

Sim, era ele, desceu do vagão de mãos dadas com as meninas.

À frente deles iam sua filha e o genro, um judeu polonês da Cracóvia.

A menina aos prantos era Raquel, que Isaac fazia o possível para acalmar, pois ele tinha medo de irritar os soldados e algo pudesse acontecer.

Após muito zelar pela netinha, finalmente ela se acalmou.

Mas, para tristeza e sofrimento de Isaac e dos pais das meninas, um soldado alemão aproximou-se e pediu para que as duas fossem encaminhadas a um oficial nazista, que afastado alguns metros contemplou as crianças com ar de cobiça.

O soldado permitiu que apenas Isaac as acompanhasse.

Os pais apreensivos ficaram sob a mira das armas de outros soldados.

Ao ver as meninas diante de si, o oficial da S.S. murmurou:

– Que belas meninas...

A frase soou em tom jocoso.

E ele continuou:

– Seria muito triste para essas duas princesinhas passarem a noite nos alojamentos. A madrugada promete ser fria e lá não tem sistema de calefação para esquentar tão doces menininhas.

Isaac temeu pela vida das netas e tentou argumentar:

– Generoso oficial, eu muito agradeço sua amável preocupação, mas temo que elas causem algum transtorno. Veja, essa é Raquel, e tem apenas nove anos, e essa é Sarah, que tem sete anos...

– Não perguntei a idade delas, ou pedi a sua opinião... – falou rudemente o oficial. – Estou oferecendo proteção e cuidados, além disso, elas estarão junto a outras crianças. Serão bem cuidadas e ficarão felizes com as guloseimas que tenho guardado para todas as minhas crianças desse campo de trabalho. Levem-nas!

Isaac atirou-se aos pés do oficial implorando:

– Por favor, senhor, não tire da nossa família essas joias que enfeitam nossos dias...

E nesse instante, muitas lágrimas rolaram pelo meu rosto. Olhei para Zoel e Augusto, e vi a mesma situação. Patrício mantinha-se sereno, mas de semblante grave.

Isaac, com a neta aconchegada nos braços, estava tranquilo.

Voltei minha atenção para as cenas e reconheci no oficial alemão o jovem aliciador, o pedófilo alemão reencarnado.

Evitarei os detalhes degradantes de tal situação... As meninas juntaram-se a outras crianças na casa do oficial Klaus da S.S. e durante algum tempo foram objeto de disputa entre alguns oficiais que se reuniam para jogar cartas. Os vencedores dos jogos recebiam as crianças como prêmio.

Isaac pereceu com a família na câmara de gás, o mesmo acontecendo com as meninas, após o sofrimento experimentado.

Nossa emoção aumentou muito, quando para nossa surpresa Isaac começou a declamar o Salmo 23:

O SENHOR é o meu pastor, nada me faltará. Deitar-me faz em verdes pastos, guia-me mansamente a águas tranquilas.

Refrigera a minha alma; guia-me pelas veredas da justiça, por amor do seu nome.

> *Ainda que eu andasse pelo vale da sombra da morte, não temeria mal algum, porque tu estás comigo; a tua vara e o teu cajado me consolam.*
>
> *Preparas uma mesa perante mim na presença dos meus inimigos, unges a minha cabeça com óleo, o meu cálice transborda.*
>
> *Certamente que a bondade e a misericórdia me seguirão todos os dias da minha vida; e habitarei na casa do Senhor por longos dias.*

À medida que as palavras saiam do coração de Isaac, nós nos banhávamos por indefinível luz.

Raquel foi embalada no mais puro sentimento que pode existir entre as almas que se buscam por amor.

Embora as lembranças dolorosas, era preciso prosseguir, pois o amor de Deus se manifestava na logística do reencontro que a reencarnação promoveu.

Após o Salmo, Isaac conduziu a neta cuidadosamente até o quarto dela, e no instante em que o corpo se mexia na cama, Raquel espírito retornou de imediato à organização celular.

– Esse era o Salmo que muitas vezes declamei para minha neta, junto com toda família.

– Mas, parece que está faltando alguém nesse contexto, onde está Sarah? – Augusto indagou.

SARAH

As emoções foram mais do que suficientes naquela noite. Ao amanhecer, nós nos dirigimos à casa de Eriberto para acompanhar mais de perto as suas lutas.

Assim que chegamos, deparamos com ele e uma senhora que lhe preparava o café. Ela estava um tanto abatida, parecia não ter experimentado uma boa noite de sono. Eriberto permanecia em silêncio e, junto a ele, lá estavam as duas entidades com vibração de ódio e aspecto sombrio. Os espíritos não saiam de perto dele, o que lhe conferia comportamento emocional instável, pois essa era a faixa vibratória em que ele constantemente estagiava.

Enquanto a mesa era preparada para o café, Eriberto deixava-se levar por pensamentos voltados aos desejos sexuais perturbadores.

— Essa noite tive pesadelos novamente, ela comentou.

A resposta dele foi o silêncio.

— Essa noite tive pesadelos — ela arriscou mais uma vez procurando iniciar uma conversa. — Ouviu Eriberto?

— Hã?

— Eu disse que essa noite tive pesadelos de novo!

— E quando você não tem pesadelos?

— Tem razão! Esses sonhos acontecem desde que me entendo por gente...

— Foi sobre a guerra novamente?

— Sim — nesse exato momento ela começou a tossir. — E essa tosse que nunca vai embora.

— Sua tosse é igual aos seus pesadelos, não cessa nunca.

— Sim, meu filho, é verdade.

Ela coou o café e sentou-se à mesa com o filho. Durante alguns minutos nenhuma palavra entre eles. Apesar de serem mãe e filho, na verdade, eles pareciam estranhos.

— Aí está Sarah, diante dos nossos olhos — Patrício comentou.

— Algo vem me intrigando muito. As condições reencarnatórias do oficial da S.S., Klaus, não são brandas demais para o tipo de crime que ele cometeu durante a segunda guerra? — Augusto inquiriu.

— Temos a visão de que as leis punitivas de Deus devem ser aplicadas sob nossa ótica, quando na verdade não há punição, mas processo educativo. Observar um "criminoso de guerra", reencarnado como um homem atormentado, talvez não satisfaça nosso senso imperfeito de justiça, todavia, precisamos aceitar que ainda não podemos sondar o amor de Deus. Ainda não temos patamar evolutivo para compreender que o Pai, bom e amoroso, que Jesus nos apresentou, nesse caso, ama Eriberto, tanto quanto ama Raquel e Sarah. O amor não escolhe, não concede privilégios, não se compraz no sofrimento. Na concepção da maioria dos homens, o oficial nazista deveria estar vivenciando processos semelhantes aos que promoveu. Seria justo, se em sua infância ele fosse abusado? Isso demonstraria a Misericórdia de Deus? Ele vai aprender com lições educativas dolorosas, mas necessita estar lúcido para absorver, na dor, a educação que a dor oferece aos espíritos que recalcitram no mal. As nossas medidas não são as medidas de Deus. A nossa justiça não é a justiça de Deus, e o nosso amor não é o amor de Deus.

– Patrício, é interessante que ele esteja com Sarah em uma mesma família. E mais ainda, é tocante o fato dela ter aceitado a tarefa da maternidade junto desse espírito.

– Sim, Luiz Sérgio, a opção foi dela, ela poderia ter rejeitado essa verdadeira missão. Os efeitos dessa comunhão, mãe e filho, não são tão fáceis de lidar. Desde a gravidez, Sarah vem enfrentando muitas lutas devido à incompatibilidade fluídica. São várias as dificuldades, mas ela vem conseguindo superar as barreiras e as diferenças. Os próprios pesadelos que ela vivencia, quotidianamente, têm sua origem na psicosfera ambiente. As companhias espirituais de Klaus, o nosso Eriberto de hoje, intoxicam o lar de Sarah.

– Imaginei que espíritos iguais a ele, que cometeram graves crimes de guerra, enfrentariam multidões de perseguidores e demandariam séculos para ter a paz restituída – Zoel argumentou.

– Como eu disse há pouco, nosso senso de justiça é bem imperfeito, e para o homem comum fica difícil compreender que Eriberto esteja como todos nós, sob a proteção divina. A maior demonstração do amor de Deus por ele se expressa nesse instante, na oportunidade da presente encarnação. Alarguemos o nosso olhar para a população do planeta e indaguemos: Quantos Eribertos não existem por aí? Ele usava um uniforme militar e defendia uma ideologia que segregava, perseguia e assassinava famílias inteiras. E por trás de todas essas ações, ainda havia o extravasamento de suas tendências doentias.

– Vale refletir nos "campos de concentração" modernos criados pelo egoísmo humano, nesses dias, onde a miséria gerada pela corrupção e pela falta de educação mata milhares de homens, mulheres e crianças. E são crimes contra a humanidade do mesmo jeito, com o mesmo cinismo, a mesma crueldade. Vivemos um tempo de transição planetária e, queiramos ou não, convivemos com esses espíritos que retornaram ao palco da vida para a derradeira chance de progresso.

– Além das guerras atuais, existem muitas outras guerras promovidas pela falta de amor. Uma só criatura humana que seja assassinada em qualquer lugar, afeta a psicosfera planetária. A fome é um estado permanente de guerra, a falta de Deus no coração torna o homem beligerante e acentua sua rebeldia contra a natureza. A indiferença dos poderosos do mundo em relação às dores da maioria é uma arma de guerra poderosa. Os tronos da Terra mantêm-se de pé às custas da exploração da miséria humana. Por isso, Jesus pediu para edificarmos o Reino de Deus em nosso coração.

Todos nós ouvíamos as palavras de Patrício com profundo respeito e admiração. Ele olhou para Eriberto e Sarah com grande ternura e prosseguiu:

– Na união dessas duas almas em processo de aprendizado, podemos avaliar a grandeza da reencarnação como método educativo, e mais ainda, como é grande o amor de Deus. Os que nos feriram no passado, aqueles que nos fizeram verter lágrimas dolorosas chegam em nossos núcleos familiares carentes de amor, necessitados de compreensão.

– Nesta história de vida, Eriberto está fazendo a escolha dele mais uma vez, porque o livre-arbítrio é direito inalienável dos filhos de Deus. Sarah que é cristã, criou o filho sozinha, procurando dar a ele uma educação com valores éticos morais elevados.

Patrício silenciou. E eu me comovi, mas o que posso fazer se a vida é esse turbilhão de emoções. E nas narrativas vindouras não faltarão momentos em que irei me emocionar novamente.

– E o que irá acontecer com ele? – Zoel indagou com certa amargura. – É que Deus investe tanto em nós, e muitas vezes não nos damos conta disso e terminamos por perder as oportunidades.

– Na bênção da vida, Deus investe em todos os seus filhos, oportunizando o melhor plano para o nosso aprendizado. A frustração será nossa herança sempre que desperdiçarmos os patrimônios espirituais. Não existe um único espírito nesse orbe que se encontre fora dos planos de Deus. Daí a afirmação de Jesus, que vale a pena recordar. Ele disse certa vez (Lucas, 15:11-32):

Um certo homem tinha dois filhos.

E o mais moço deles disse ao pai: Pai, dá-me a parte dos bens que me pertence. E ele repartiu por eles a fazenda.

E, poucos dias depois, o filho mais novo, ajuntando tudo, partiu para uma terra longínqua, e ali desperdiçou os seus bens, vivendo dissolutamente.

E, havendo ele gastado tudo, houve naquela terra uma grande fome, e começou a padecer necessidades.

E foi, e chegou-se a um dos cidadãos daquela terra, o qual o mandou para os seus campos, a apascentar porcos.

E desejava encher o seu estômago com as bolotas que os porcos comiam, e ninguém lhe dava nada.

E, tornando em si, disse: Quantos jornaleiros de meu pai têm abundância de pão, e eu aqui pereço de fome!

Levantar-me-ei, e irei ter com meu pai, e dir-lhe-ei: Pai, pequei contra o céu e perante ti.

Já não sou digno de ser chamado teu filho; faze-me como um dos teus jornaleiros.

E, levantando-se, foi para seu pai; e, quando ainda estava longe, seu pai o viu e se moveu de íntima compaixão e, correndo, lançou-se-lhe ao pescoço e o beijou.

E o filho lhe disse: Pai, pequei contra o céu e perante ti, e já não sou digno de ser chamado teu filho.

Mas o pai disse aos seus servos: Trazei depressa a melhor roupa; e vesti-lho, e ponde-lhe um anel na mão, e alparcas nos pés.

E trazei o bezerro cevado, e matai-o; e comamos, e alegremo-nos; porque este meu filho estava morto, e reviveu, tinha-se perdido, e foi achado. E começaram a alegrar-se.

E o seu filho mais velho estava no campo; e quando veio, e chegou perto de casa, ouviu a música e as danças.

E, chamando um dos servos, perguntou-lhe que era aquilo. E ele lhe disse: Veio teu irmão; e teu pai matou o bezerro cevado, porque o recebeu são e salvo.

Mas ele se indignou, e não queria entrar.

E saindo, o pai instava com ele. Mas, respondendo ele disse ao pai: Eis que te sirvo há tantos anos, sem nunca transgredir o teu mandamento, e nunca me deste um cabrito para alegrar-me com os meus amigos.

> *Vindo, porém, este teu filho, que desperdiçou os teus bens com as meretrizes, mataste para ele o bezerro cevado.*
>
> *E ele lhe disse: Filho, tu sempre estás comigo, e todas as minhas coisas são tuas.*
>
> *Mas era justo alegrarmo-nos e folgarmos, porque este teu irmão estava morto, e reviveu; e tinha-se perdido, e achou-se.*

Ficamos olhando para Patrício e nos surpreendemos, pois de seus olhos fulgurava brilho intenso, algo difícil de descrever com palavras humanas. Ele parecia visitar outras estâncias espirituais, tal a energia de paz e amor desprendida dele. E todo o ambiente da casa de Sarah e Eriberto foi tomado por luz calmante.

A narrativa da Parábola do Filho Pródigo mexeu profundamente com todos nós e esclareceu qualquer dúvida a respeito do contexto de vida de Eriberto, o ex-oficial da S.S. alemã.

O CASAL DE JUDEUS

A presença daquele casal causava-nos curiosidade. Diante de tantas lições o esclarecimento não tardou.

– Essas duas entidades, pela característica das vestimentas, também tiveram contato com o oficial da S.S...

– Sim, Zoel. Helena e Sigmund também fazem parte do grande grupo de espíritos que foram afetados pelo flagelo do nazismo. Dessa vez, não foi Eriberto o responsável direto pelo sofrimento dessas pessoas, mas a perseguição espiritual ocorre por aquilo que ele representa ainda, dentro da cabeça deles. Diuturnamente, ele é perseguido por eles, e por outros espíritos que foram judeus durante a segunda guerra mundial e que desejam vingança a todo custo.

– Então, não tem nada a ver com abuso de crianças?

– Nesse caso não, Luiz Sérgio. O ódio pelos nazistas é generalizado, e Eriberto não está fora desse contexto. Ocorre que, embora, ele esteja revestido de um novo corpo, de outra identidade em um país diferente, o casal conseguiu identificar nessa nova persona o antigo oficial alemão. Infelizmente, na dimensão espiritual existem organizações criadas por vítimas do holocausto, que seguem em processo de buscar a revanche. O "olho por olho" manifesta-se em ações como essa. Helena e Sigmund são agentes dessa organização, por responsabilidade do próprio Eriberto, que ainda mantém comportamentos inadequados em relação a práticas abusivas. De maneira irresponsável, ele manifesta em sua vida virtual conceitos antissemitas e dissemina o ódio contra *gays*, negros, índios, nordestinos, dessa forma, despertando contra si ódios gratuitos. É como se ele tivesse um imã energético, e todos no mundo espiritual que estão nessa sintonia são atraídos com muita facilidade.

– Ele não percebe a grande carga de lágrimas que atrai para si mesmo!

– Isso mesmo, Zoel! Eriberto ainda necessitará de muitos anos para despertar, e nesse caso, a dor gerada por ele mesmo é o instrumento pelo qual o amor de Deus se utilizará para chamá-lo à razão. Quando espalhamos a dor, promovemos, sem perceber, um processo de polinização vibratória da psicosfera em que transitamos. Não nos damos conta, mas nossa ação perniciosa atua nas duas dimensões. Não fazemos ideia do número de mentes, encarnadas e desencarnadas, com as quais sintonizamos.

Durante a fala de Patrício, pensei na prática viciosa de qualquer *game*, desde o jogo de cartas, até os mais sofisticados jogos eletrônicos.

Práticas viciosas atraem mentes e corações viciosos.

Na vida, os excessos são sempre pesos desnecessários que carregamos voluntariamente.

— O que faremos para auxiliar Eriberto e esse casal? — Zoel perguntou curioso.

— Na presente situação temos apenas a oração por auxílio possível...

Estranhei aquela colocação de Patrício, porque já havia notado em seu comportamento que em toda e qualquer situação vivida até aquele instante, ele nunca deixara de auxiliar.

Notando a nossa surpresa, o jovem líder obtemperou:

— Esse processo depende mais do próprio Eriberto do que de alguma ação socorrista de nossa parte. Esse casal permanece arraigado ao sentimento de pura vingança. Eles são adeptos da lei mosaica que diz: "olho por olho, e dente por dente". O amor de Deus é como sol que banha todos os corações, justos e injustos, mas alguns espíritos, mesmo vendo a luz, optam por se abrigar nas sombras. Nesse caso, o sentimento de Deus atua novamente, respeitando as escolhas de cada um.

— O processo de auxílio, pelo amor genuíno, não violenta as consciências. A evolução do orbe não se deu pelos programas miraculosos. A informação bíblica, que consta na Gênese Mosaica – faça-se a luz, e a luz se fez – é informação alegórica. Tudo na natureza cumpre o tempo das leis naturais, sem violência, sem imposições. Saulo não se transformou em Paulo da noite para o dia. O antigo rabino de Tarso recalcitrou contra o aguilhão da dor por muitos anos, até perceber a luz do amor de Jesus pela cegueira física, aliada ao paradoxo da visão espiritual do Mestre diante de si. Pedro somente descobriu a condição verdadeira de pescador de almas após a noite fatídica no Monte das Oliveiras. Foi preciso vivenciar a madrugada das três negativas até o galo cantar, para que, ao amanhecer, sua alma, verdadeiramente, convertida ao amor de Jesus, pudesse gritar "sim" para a nova aurora de uma vida cristã.

– Para todas as manifestações da vida é imprescindível o concurso do tempo. Sigmund e Helena ainda preferem a penumbra dos sentimentos inferiores. A luz para eles tem o nome de perdão. As razões para a ação não cabe a nós julgar, os desertos de rancor e mágoa em que muitos andam perdidos apenas poderão ser vencidos se o perdão for a bússola.

Não havia dúvidas de que Patrício era um ser especial. Augusto, Zoel e eu nos entreolhamos e nossos olhares diziam a mesma coisa. Estávamos em companhia de um espírito de escol.

Não havia espaço para a curiosidade, apenas para o sentimento de gratidão por recebermos a bênção do trabalho com aquele coração generoso.

Falar sobre o perdão como o sol das nossas vidas, com aquela ternura, emocionava nossos corações. E eu, ansioso, desejei lapidar um pouco mais aqueles ensinamentos, que eram joias preciosas para todos nós, e indaguei com carinhoso respeito:

– Patrício, e Eriberto, o que faremos para ajudá-lo?

O nosso jovem e respeitável líder comentou:

– Eriberto, tanto quanto eu e você, ele é um filho amado de Deus. Nosso desejo é de ajudar a todos, mas não devemos esquecer que ele é um espírito querido do Pai. Esse pensamento deve ser o suficiente para nutrir a nossa fé e manifestar a nossa confiança no altíssimo. Os homens vivem sobressaltados nesses dias de transição, porque perderam o endereço de Deus. Eles não têm um referencial Divino em suas vidas. Acreditam que tudo se resume aos conceitos niilistas, de que a existência humana é um nada. O homem moderno afasta-se cada vez mais de si mesmo, de sua essência. Os nossos jovens, que deveriam ter nos adultos o exemplo a seguir, estão se perdendo antes de se tornarem adultos. Confundem todos os seus anseios com direitos absolutos a serem atendidos de qualquer maneira.

– Os lares, que deveriam ser as salas escolares das almas, andam sem função, os papéis invertidos. Então, vem a vida, caraterizada por uma educação mais rude, e mostra aos jovens que na Terra não existem favores exclusivistas. Diante da impossibilidade da realização dos desejos anelados e da falta de sentido da vida, o suicídio surge como resposta. E muitos se aventuram por essa porta, que parece o nada, mas se mostra como um longo e tortuoso caminho para novamente recomeçar, e também reparar o equívoco perpetrado. Não obstante, essa seja a realidade, todos somos os filhos queridos de Deus. Recalcitrantes ou não, rebeldes ou não, nossa condição é de seres amados pelo Criador.

– Eriberto está buscando mais dores para sua vida. E logrará essa conquista. Não deixaremos de ajudar, isso nunca, mas nos cabe manter uma distância, que não nos leve a promover influências que tirem dele a responsabilidade pelas próprias escolhas. Nessa nova encarnação ele optou por se esconder do sol, então, está próximo o momento em que mergulhará em vales e sombras mais profundos para que um dia, se assim o desejar, possa surgir radioso e pleno como filho muito amado por Deus. Tomaremos providências para que os pais das crianças envolvidas por ele recebam a visita das autoridades legais. Com isso, acreditamos que novo rumo possa ser dado à educação do neto de Nair, do mesmo modo de Raquel e da outra menina. Todos serão assistidos.

– E quanto à Sarah? – indaguei.

– Sarah já tem a alegria de ter sido a mãe de Eriberto. Gerar o corpo de um espírito que lhe foi inimigo em situações tão dolorosas como as que ela vivenciou não é uma tarefa das mais fáceis. Ela vai ficar bem.

Nesse momento, bateram à porta interrompendo nosso diálogo.

Sarah foi atender e voltou acompanhada de dois homens. Eriberto se assustou.

– Sou o investigador Abílio e tenho ordem judicial para levá-lo até a delegacia e apreender todo material que julgarmos importante para nossa investigação.

Eriberto mordeu os lábios nervosamente, e Patrício comentou:

– É a colheita dolorosa...

Helena e Sigmund gritaram e se abraçaram de alegria ao observar o sofrimento de Eriberto.

– Vai pagar miserável, por todo mal que fez ao nosso povo! – Sigmund afirmou.

Aquela cena me constrangia, e tanto Eriberto quanto Helena e Sigmund me causavam compaixão.

Como é triste testemunhar o resultado da permanência no mal, mas, na Economia Divina tudo é amor, mesmo que traga dor.

As pernas de Eriberto tremiam e ele disse:

– Eu colaboro, não tem problema, vou até o quarto pegar o computador para entregar aos senhores...

– De forma alguma, nós o acompanharemos.

Os policiais assustaram-se ao entrar no quarto e ver as paredes decoradas com muitas fotos de crianças e jovens nus.

Eriberto foi algemado e todo material recolhido.

– A senhora não sabia dessas práticas proibidas em que seu filho estava envolvido?

– Ele não me deixava entrar no quarto. Tentei muitas vezes entrar para fazer a faxina e trocar a roupa de cama, mas ele sempre me impedia.

– De qualquer forma, é melhor que a senhora também nos acompanhe à delegacia para prestar esclarecimentos.

Mãe e filho foram levados e ao saírem à rua, que se encontrava lotada de vizinhos, alguns exaltados ao saber o motivo daquilo tudo gritavam e faziam ameaças a Eriberto.

O caso foi veiculado pela mídia, e Eriberto teve de ficar isolado na prisão, onde corria risco de morte. Dias depois ele foi assassinado, junto com dois estupradores em uma rebelião de presos.

O neto de Nair, assim também Raquel e todas as demais crianças receberam ajuda profissional.

Os pais foram orientados a estar mais próximos da vida dos filhos, impondo limites, visando a um saudável uso dos recursos tecnológicos.

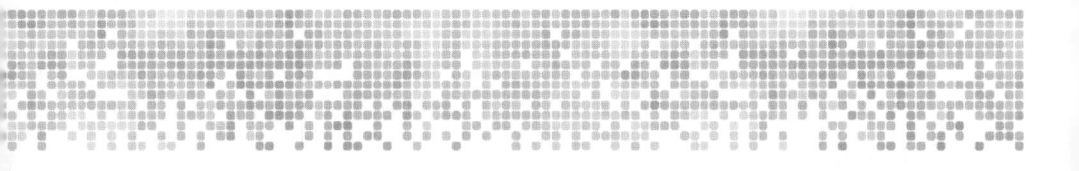

FIGHT

Todo aquele drama trouxe inúmeros aprendizados. A cada nova situação o horizonte da vida alargava-se e eu me sentia cada vez mais pequenino diante das coisas de Deus.

Nosso saber é muito limitado, tanto quanto nosso sentimento.

À medida que vou testemunhando as lutas e as dores dos outros, eu vejo o quanto Deus é Misericordioso comigo.

E em minha mente o pensamento é recorrente e me questiona:

O que eu faria se estivesse no lugar dele?

E todas as vezes que me defronto com esses dramas dolorosos tento substituir a indagação anterior por outra:

O que Jesus faria se estivesse no meu lugar?

Na falta de um conceito mais claro e eficiente sobre qualquer tema, procuro consultar Jesus, e Ele sempre responde na acústica do meu coração.

Minhas reflexões foram interrompidas pela voz de Patrício:

– Amigos, precisamos prestar auxílio a um jovem recém-desencarnado.

Silenciamos e assentimos com a cabeça.

Novamente um quadro doloroso.

Chegamos a uma capela, onde o corpo de um jovem era velado pela família e por grande quantidade de jovens.

Os pais, sem entender muito bem o que tinha acontecido, procuravam explicações para o momento injusto que a vida lhes apresentava.

Observei o rosto no caixão e fiquei chocado com os hematomas e ferimentos.

– O que fizeram com meu filho? – indagava a mãe em prantos.

– Meu filho ainda era uma criança! – lamentava o pai.

Nas rodinhas à volta da capela, os jovens comentavam a causa daquela morte dolorosa.

– Eu disse a ele que faltava mais preparo para participar desse jogo. Isso não é para qualquer um, comentou um jovem.

– Ele entrou porque quis. Ficou empolgado com as lutas que viu na TV. Tem muito moleque bom nesse negócio. Alguns frequentam academia, outros já sabem lutas marciais – afirmou outro.

– Mesmo com a morte de Henrique, a galera não vai parar, e o nosso *FIGHT* Escolar seguirá bombando. Já tem novo acerto para a próxima semana – relatou mais um.

– Foi mal não separarem o Jota do Henrique. O moleque já estava detonado e ninguém separou. Agora precisamos ficar ligados, porque a polícia vai dar em cima.

Nesse instante, em nossa dimensão, ouvimos um grito, pois o jovem espírito desencarnado pedia ajuda aos pais, mas não era ouvido.

Ele, de feições transtornadas, aspecto degradante, pelos ferimentos, ia de um lado para outro querendo conversar, mas a indiferença das pessoas que não lhe registravam a presença o deixava ainda mais confuso.

Nesse momento, Patrício aproximou-se dele:

– E aí?

Patrício sabia adequar sua linguagem a cada necessidade.

Fiquei pensando naqueles que muitas vezes não compreendem, porque é preciso entrar no mundo juvenil para sensibilizar o coração do jovem.

Foi isso que Jesus fez com a humanidade, adequou sua linguagem, sua pedagogia ao nosso entendimento.

– Ei... você falou comigo? – Henrique surpreendeu-se com a abordagem do nosso jovem líder.

– Falei sim!

– Que alívio! Estava me achando louco, porque ninguém me ouve. De verdade, acho que estou tendo um pesadelo, porque já me liguei que participo do meu próprio velório.

E dizendo isso, ele deu uma gargalhada, que tinha mais de medo do que qualquer alegria.

– Já que estamos conversando numa boa, podemos sair daqui. Esse ambiente não é o melhor para uma conversa como a que estamos precisando. Que tal?

– É pode ser, mas, e os meus pais? E os meus amigos?

– Não se preocupe com eles, tudo vai ficar bem...

Patrício conseguiu levar Henrique dali, mas era muito difícil estabelecer um papo objetivo, pois a vibração dos pais gerada pelo desespero de ambos o afetavam de maneira patente.

Zoel acompanhou Patrício e Henrique. Augusto e eu ainda ficamos no velório.

– O ambiente pede uma prece para que os corações presentes possam, pelo menos por alguns breves instantes, amenizar a retenção magnética que o espírito Henrique experimenta.

– Tem razão, Luiz Sérgio! Vamos identificar alguém que tenha condições de se fazer intermediário da nossa ação.

Rapidamente, observamos as pessoas presentes e identificamos em uma jovem a serenidade suficiente para auxiliar na oração. Aproximei-me dela e pude auscultar seus pensamentos. Apesar da imensa tristeza que sentia e de algumas lágrimas que brotavam de seus olhos, ela emitia energias equilibradas.

– Ela é a pessoa mais indicada, Luiz Sérgio, podemos contar com a colaboração dessa garota.

Surpreendi-me com a repentina presença de um homem de semblante harmonioso.

– Sou Rafael, espírito protetor de Henrique, e essa é Ravenna, a namorada dele. Fui eu que pedi ajuda a Patrício para que Henrique pudesse ser socorrido. Pode intuir essa garota que ela tomará a iniciativa da oração.

Aquiesci balançando a cabeça, e confiante aproximei-me de Ravenna. Junto dela e com a destra sobre seu centro de força coronário pedi com carinho:

– Por favor, Ravenna, auxilie-nos a amparar Henrique, faça uma prece.

Devido à compreensão da garota que tinha sido educada dentro de preceitos religiosos, que lhe permitiam compreender aquele momento como algo muito sério para aqueles que partem da Terra, rapidamente ela cedeu à intuição e, aproximando-se do caixão, pôs-se ao lado do corpo e pediu licença aos pais para fazer uma prece.

Aturdidos, os genitores aceitaram de pronto.

Eu me senti emocionado, porque é muito tocante quando um jovem é instrumento da manifestação do bem. Quantos jovens pelo mundo não percebem, mas são colaboradores da Divindade?

Pela ação discreta, mas incisiva de Ravenna, as pessoas identificaram o que aconteceria e imediatamente o silêncio se fez.

Assim que ela iniciou a oração, de maneira fervorosa, Henrique, que caminhava com Patrício e Zoel em um lindo e arborizado jardim ali perto, sentiu-se envolver por suaves energias calmantes.

Do coração de Ravenna uma vibração de rara beleza partia em direção ao jovem desencarnado, envolvendo-o cariciosamente.

Nesse instante, eu e Augusto não perdemos tempo, e aplicamos passes longitudinais dispersivos nos pais de Henrique. Nosso desejo era aliviar, de alguma forma, a concentração de energias deletérias nos centros de força deles.

Após essas ações, Rafael veio até nós e começamos a conversar sobre a situação.

– O que houve Rafael, Henrique não me pareceu um rapaz voltado à violência?

– Luiz Sérgio, infelizmente, nesses tempos muitos modismos e práticas agressivas vêm sendo confundidos com esportes. A mídia divulga verdadeiros e ferozes massacres entre lutadores, incitando a violência na sociedade. E o pior de tudo é que muitos aceitam tudo isso como atividade natural. Henrique começou a se reunir com um grupo de amigos da escola, e entre eles inventaram essa disputa de se enfrentar em lutas corporais. Durante esse processo envidei todos os esforços para influenciá-lo e fazê-lo mudar de atitude. Envolvi outros espíritos amigos e familiares na situação, mas nada foi suficiente.

Na escola a moda começou a se espalhar, e os mais jovens começaram a aderir ao que eles passaram a chamar de *FIGHT* Escolar, um *game* de luta corporal.

Rafael fez uma pausa e pude ver nos seus olhos um sentimento de impotência.

– Não levou muito tempo para que pelas redes sociais outros garotos passassem a se confrontar. Henrique nunca tinha lutado, no entanto, percebi claramente que muitos jovens eram preparados para esse tipo de luta. Nunca tinha acontecido de algum jovem perecer, porque quando um deles levava muita vantagem sobre o outro, logo o juiz, um deles, que era responsável pela arbitragem da luta, tratava de separar.

– As lutas aconteciam todas as sextas-feiras, na saída, quando eles iam para o pátio de uma empresa abandonada e lá faziam apostas em dinheiro em quem venceria o *game*. Mas, a situação se agravou quando começaram a surgir drogas na disputa. Muita gente começou a participar daqueles encontros violentos. A escola foi avisada, e uma ampla campanha de esclarecimento foi feita. A polícia foi alertada, mas eles mudavam sempre de lugar. Nesse ínterim, Henrique foi sendo cada vez mais influenciado, e passou a ser desafiado por outros jovens. Em uma das batidas policiais, eu fiz o possível para intuir um oficial a se dirigir ao local do confronto. Deu certo, então, Henrique e os jovens foram levados para a delegacia e os pais foram chamados.

— Quinze dias após esse episódio, eles retomaram as mesmas práticas. Os vencedores das lutas violentas chamavam atenção de algumas garotas, e isso para eles trazia certo glamour, uma glória ilusória. Até que chegou o dia que, influenciado por uma entidade perversa, um garoto cuspiu no rosto de Henrique. Lembro-me bem que a psicosfera do lugar era terrível, e muitas entidades voltadas para ações violentas e crimes estavam presentes. Tudo que estava ao meu alcance eu fiz, mas esbarrei na bênção do livre-arbítrio. Minha esperança era que após uma possível surra, Henrique, trazido à realidade pela dor e vergonha experimentada, despertasse – pelo menos eu assim esperava.

Rafael fez uma pausa, e duas grossas lágrimas desceram dos seus olhos, e ele prosseguiu:

— Na verdade a luta nem se alongou, mas os poucos e certeiros golpes foram suficientes para provocar traumatismo craniano, e por consequência disso naturalmente aconteceu o óbito.

— Compreendo sua dor, Rafael, mas preciso narrar esse fato aos meus leitores. Existe hoje um descaso por parte de alguns jovens em relação à vida. Precisamos alertar pais e educadores em geral sobre essa realidade.

— Como alguém pode entender, por prática esportiva, a agressão entre seres humanos? – Augusto perguntou entristecido.

– Esse nosso trabalho reveste-se de especial alerta a todos os nossos leitores. O momento da humanidade é grave e de real transição. Muitos espíritos sem princípios e ética estão encarnados. Toda essa crise de valores reflete a realidade íntima das criaturas – comentei.

Patrício e Zoel chegaram e se juntaram a nós.

– Graças a Deus! – Rafael exclamou. – Ele foi levado para o posto de socorro?

– Sim, o deixamos lá em conversa com os jovens que recepcionam os recém-desencarnados. Henrique é um bom rapaz, mas igual a tantos que se encontram sem referências, perdido no labirinto de busca pelos prazeres ilusórios.

– E ele aceitou facilmente essa ajuda, Patrício?

– Não Augusto, o induzimos a procurar ajuda a fim de aliviar a dor de cabeça de que tanto se queixava – Patrício esclareceu.

– A permanência dele no posto irá depender muito da atitude mental dos próprios pais. Mas de qualquer forma, as primeiras ações de auxílio foram prestadas – Zoel comentou.

– Vou me unir a ele para prestar meu concurso!

– Faça isso, Rafael, nós vamos dar assistência aos pais. É isso Patrício?

– Vamos sim, Luiz Sérgio, ficaremos aqui por mais algumas horas e depois partiremos, porque novas atividades nos aguardam.

– Podemos fazer nova prece para auxiliar no equilíbrio dos pais – Augusto sugeriu.

Rafael pediu para fazer a oração, no que todos nós concordamos. E, junto aos pais e com nova intervenção da jovem Ravenna, unimos os nossos corações para pedir auxílio ao Alto em benefício dos jovens e de toda família de Henrique.

APRENDENDO COM KARDEC

– Vamos fazer uma pausa para refletir e fortalecer nosso aprendizado?

A indagação feita por Patrício me fez pensar sobre a humildade daquele espírito, que nos surpreendia a cada hora de convivência que tínhamos com ele.

– Como espíritos espíritas, nossa fundamentação é a Codificação Espírita, por isso, gostaria de propor breve reflexão antes de continuarmos as atividades. Sendo Jesus o nosso modelo e guia, peço licença para trazer o Evangelho para alimentar nosso coração. Acredito ser importante no decorrer das tarefas evocar as lições de Jesus.

– E qual o assunto, Patrício? – Zoel perguntou com alegria na voz.

– Como nossa seara é imensa, e devemos nos esforçar para servir incansavelmente, creio que a leitura da Boa Nova é sempre fonte de renovação.

E mais uma vez ficamos surpresos, pois ele tirou de uma bolsa que sempre carregava a tiracolo, parecida com a dos carteiros da Terra, um exemplar de *O Evangelho Segundo o Espiritismo*.

Ele me olhou e sorriu, dizendo:

– Essa é a minha vitamina, Luiz Sérgio!

Zoel e Augusto sorriram também.

– Que tal nos deslocarmos até as margens do Lago de Genesaré, que é o Mar da Galileia, para fazermos a leitura da mensagem do Evangelho naquelas paragens por onde Jesus semeou o amor?

Sorri emocionado, o pedido era de um apelo emocional muito grande.

– Nossa, Patrício, assim vamos nos desmanchar em lágrimas! Fico muito feliz pela oportuna sugestão – falei comovido.

– Não vamos perder mais tempo! – Zoel falou sorrindo.

– O que ainda estamos fazendo aqui? – disse Augusto, fingindo contrariedade.

– Sigamos! – Patrício pediu.

O deslocamento foi rápido. Logo, estávamos às margens do Lago de Genesaré. Fiquei sem voz, tal a emoção, e não conseguia verbalizar nada. Olhei à minha volta e meus irmãos de aprendizado também não conseguiam falar. Apenas observávamos e sentíamos a psicosfera, que embora os séculos passados, ainda continha certo perfume.

– Foi por aqui que o amor caminhou em forma humana. Nesses caminhos os pés do Messias deixaram suas pegadas de luz para o mundo. O amor de Deus caminhou por aqui entre os homens. Cegos foram curados, leprosos tiveram a saúde física restituída, obsedados retomaram o equilíbrio. Nessas terras, os filhos do calvário receberam alívio para suas dores, – Patrício fez uma pausa, por causa da própria emoção e continuou:

– Senhor, viemos a estas paragens para inalar o perfume da Tua presença nas paisagens da Palestina. Desejamos te pedir amparo para nossa tarefa, pois os filhos do calvário desses tempos são os jovens. Eles têm sede da água da Tua fonte, do Teu amor. Ilumina nossas mentes, para que tenhamos capacidade de levar-Te até eles. Viemos fazer o Evangelho às margens desse Lago, porque necessitamos da Tua Divina inspiração para prosseguir.

Ele abriu o Evangelho e disse:

– Irmãos, nosso pão espiritual é a lição do capítulo V – "Bem-aventurados os aflitos", no item 18 – Bem e mal sofrer, que passo a ler agora:

Quando Cristo disse: 'Bem-aventurados os aflitos, porque deles é o Reino dos Céus', não se referia aos sofredores em geral, porque todos os que estão neste mundo sofrem, quer estejam num trono ou na miséria, mas ah, poucos sofrem bem, poucos compreendem que somente as provas bem suportadas podem conduzir ao Reino de Deus. O desânimo é uma falta; Deus vos nega consolações, se não tiverdes coragem. A prece é um sustentáculo da alma, mas não é suficiente por si só: é necessário que se apoie numa fé ardente na bondade de Deus. Tendes ouvido frequentemente que Ele não põe um fardo pesado em ombros frágeis. O fardo é proporcional às forças, como a recompensa será proporcional à resignação e à coragem. A recompensa será tanto mais esplendente, quanto mais penosa tiver sido a aflição. Mas essa recompensa deve ser merecida, e é por isso que a vida está cheia de tribulações.

O militar que não é enviado à frente de batalha não fica satisfeito, porque o repouso no acampamento não lhe proporciona nenhuma promoção. Sede como o militar, e não aspires a um repouso que enfraqueceria o vosso corpo e entorpeceria a vossa alma. Ficai satisfeitos, quando Deus vos envia à luta. Essa luta não é o fogo das batalhas, mas as amarguras da vida, onde muitas vezes necessitamos de mais coragem que um combate sangrento, pois aquele que enfrenta firmemente o inimigo poderá cair sob o impacto de um sofrimento moral. O homem não recebe nenhuma recompensa por essa espécie de coragem, mas Deus lhe reserva os seus louros e um lugar glorioso. Quando vos atingir um motivo de dor ou de contrariedade, tratai de elevar-vos acima das circunstâncias. E quando chegardes a dominar os impulsos da impaciência, da cólera ou do desespero, dizei, com justa satisfação: 'Eu fui o mais forte'!

Bem-aventurados os aflitos, pode, portanto, ser assim traduzido: Bem-aventurados os que têm a oportunidade de provar a sua fé, a sua firmeza, a sua perseverança e a submissão à vontade de Deus, porque eles terão centuplicado as alegrias que lhes faltam na Terra, e após o trabalho virá o repouso.

Lacordaire – Havre 1863

Patrício encerrou a leitura e todos refletimos por alguns instantes nos ensinamentos da mensagem.

– Quando andei vestido de carne na Terra, muitas vezes reclamava da aspereza das lutas. Não fazia ideia de que eram justamente os obstáculos que forjariam minha evolução espiritual. Hoje, vejo que não sou nada sem o trabalho no bem. Todas as oportunidades, até mesmo as que enxergamos apenas como adversidades, são degraus preciosos para nosso crescimento.

– É verdade, Augusto! Também enfrentei esses desafios, mas diante das bênçãos que recebemos, como essa, de fazer a leitura do Evangelho às margens desse lago emblemático, como esmorecer? Os filhos juvenis do calvário clamam por amparo e educação. E penso que Jesus pede-nos mais esforço, mais dedicação, mais amor. Ele nos pede perseverança e esperança em cada trabalho novo. Os jovens são sementes em floração. Eles já têm condições de perfumar o mundo novo com o amor de Deus – Zoel argumentou.

Ouvi, muito tocado, as palavras dos meus irmãos, e comentei:

– A emoção enche minha alma. Desejo agradecer Patrício pelo aprendizado ao longo desses dias. Ler o Evangelho aqui neste lugar é como ser banhado de uma luz inesquecível. Em minha mente busquei a imagem de todos os jovens que conhecemos nesta nossa jornada. Peço por eles. De minha parte, a gratidão é eterna, porque após estar desencarnado há anos, o trabalho converteu-se na bênção maior de toda minha existência. Não vejo e não sinto outra razão para a minha vida, que não seja o trabalho voltado para os jovens e também para as crianças.

Abraçamo-nos os quatro e retornamos para a dimensão espiritual do Brasil.

***

— Necessitamos auxiliar um jovem que se tornou escravo de vícios sexuais.

— Esse é um assunto muito pertinente nestes dias de muita liberdade, Patrício.

— Sim, Luiz Sérgio, tema delicado que ainda é tratado de maneira equivocada. Muitos jovens acabam se perdendo por não saber lidar com algo que devemos tratar de maneira respeitosa e responsável, porém, de forma natural.

— Pensei que falaríamos apenas sobre *games* e mídias — Zoel obtemperou.

— O jovem a que me refiro está desencarnado, trata-se de Silvinho. Espírito rebelde, que se entregou à permissividade sexual quando estava encarnado. Prostituiu-se por muito tempo e agora influencia garotos e garotas por meio do mundo virtual.

— A internet é, realmente, uma rede de comunicação sem precedentes na história da humanidade, mas o que o homem ainda não notou é que essa mesma rede o coloca, pelo fator sintonia, em contato com bilhões de mentes invisíveis. As conexões virtuais também se conectam com as vibrações e energias espirituais. Ocorre que a maioria ainda não se deu conta que centenas de milhões de influências adentram os lares pelas portas da comunicação virtual. O jovem sintoniza com seus interesses e não desconfia que está sendo observado e influenciado.

– Patrício, enquanto você falava sobre essa grande rede me lembrei de Allan Kardec, que em O Livro dos Espíritos revela-nos a nossa conexão com a rede mais poderosa do planeta – a conexão mental com o mundo espiritual.

– Isso mesmo, Luiz Sérgio! A comunicação virtual é um vetor onde podemos palidamente avaliar as nossas conexões espirituais. Creio que, se nos debruçarmos mais detidamente na questão 459 de O Livro dos Espíritos observaremos vasto horizonte para compreender a rede de influência e comunicações espirituais.

Os Espíritos influem sobre os nossos pensamentos e as nossas ações?

Nesse sentido a sua influência é maior do que supondes, porque muito frequentemente são eles que vos dirigem.

– Perceberam como estou afiado? – brinquei.

– Nossa, Luiz Sérgio, sua memória é muito boa sobre os temas da codificação – Augusto brincou também.

– Na verdade Augusto, venho estudando muito as obras básicas do Espiritismo, porque nossas ações e atribuições pedem-nos esse esforço. Como afirma Patrício, nós que dizemos ser espíritos espíritas devemos contextualizar os postulados do Espiritismo para os jovens desses tempos de transição. Essa questão 459 é por si só uma revelação. E quando observamos a globalização e o aculturamento da juventude pelo planeta afora, através das redes criadas pela *internet*, ficamos encantados, pois uma rede invisível já existia a nos interligar desde que o homem ocupou esse orbe.

– Preciso parar um tempo para raciocinar sobre tudo que foi dito nessa conversa – Zoel afirmou sorrindo.

– Voltaremos a falar sobre isso, agora precisamos auxiliar Silvinho.

VAMPIROS SEXUAIS

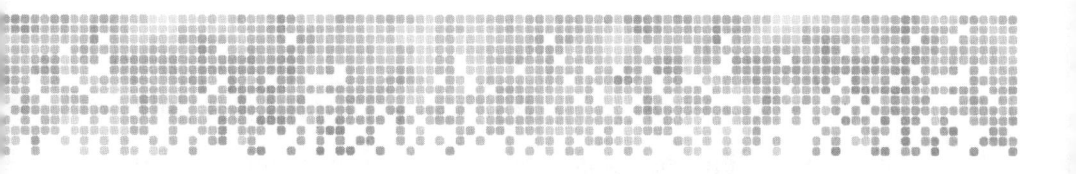

Deitado em um sofá, um jovem de dezesseis anos assistia a um vídeo de conteúdo pornográfico, em seu celular.

Foi essa cena que encontramos em uma residência, que parecia ser de classe média, pelo aspecto geral dos móveis e utensílios.

Ao lado do jovem encarnado, um espírito também com características juvenis procurava influenciá-lo, dizendo:

"Seus pais não têm grana pra gente se divertir, cortaram a mesada. Mas existe um caminho novo e prazeroso. O Sexo! Coloca sua foto nessa rede social e comece a vender prazer."

A entidade não identificava a nossa presença.

– Vamos acompanhar o desenvolvimento dessa situação, Luiz Sérgio, para que seus jovens leitores compreendam como funciona a rede de conexão espiritual. Esse espírito é Silvinho, e o garoto que ele envolve espiritualmente é Anselmo.

Zoel, Augusto e eu nos entreolhamos e permanecemos em silêncio, para aproveitar mais uma oportunidade de aprendizado.

Percebemos que Anselmo regozijava-se com os pensamentos que lhe nasciam na mente, antegozando os prazeres, que uma vida assim lhe proporcionaria.

"Coloque uma foto e veja o que acontece."

A ideia que era inspirada por Silvinho se repetia há dias, mas Anselmo, por identificação, alimentava-a acreditando ser sua.

Acostumado a lidar com o universo de *sites* e redes sociais, Anselmo começou a procurar uma foto que revelasse sua beleza física, que atraísse e despertasse o interesse das pessoas.

A princípio, ele sentiu certo desconforto, mas Silvinho continuava a lhe soprar pensamentos sutis:

"Não importa se for homem ou mulher, jovens ou pessoas mais velhas, o que vale é o prazer e o pagamento."

Depois de encontrar uma imagem adequada, segundo seus interesses, Anselmo postou a foto que realçava sua beleza juvenil.

Após a postagem da foto, não foi preciso muito tempo para que algumas pessoas começassem a curtir e a fazer elogios.

Algumas o chamavam para conversar particularmente.

– Uau!!! É mais fácil do que eu imaginava...

"Eu disse, vamos aproveitar e nos divertir a valer... O que importa é curtir a vida."

— Anselmo está entrando em conexão com as mentes pervertidas sexualmente, ele está abrindo as portas do seu coração e da sua mente para um universo perigosíssimo. Silvinho, por sua vez, pode ser considerado um espírito obsessor que é escravo de práticas sexuais perturbadoras. Habilmente, ele identifica os jovens vulneráveis, os que carregam em si a tendência para a vaidade, a sensualidade e o orgulho, além de serem criaturas com histórico de sensualidade em sua trajetória evolutiva.

— Patrício, existe então uma sintonia entre as pessoas que estão nessa faixa de desejos?

— Sem dúvida, Zoel! Muitos encontros que parecem fortuitos na Terra guardam o componente do desejo velado, pela energia sexual comum entre as pessoas. Elas se buscam apenas para o vazio da permuta dos fluidos sexuais. Não existe complemento afetivo, apenas a identificação pela busca do prazer passageiro.

— Mas, Patrício, como lidar com isso, já que em situações iguais a essa também acontece a gravidez indesejada, daí muitas vezes nascem as ações abortivas...

— Verdade, Augusto. Quem ainda toma decisões na vida atendendo aos apelos do prazer termina por se comprometer mais ainda perante a própria vida. Risco de gravidez, de enfermidades sexualmente transmissíveis, processos obsessivos...

— Processos obsessivos por promiscuidade sexual é o que vem ocorrendo com muitos jovens, não é? – perguntei.

— Sim, claro, pela participação de vampiros das energias sexuais dos que se entregam à prática animalizada, ou seja, sem amor. Isso é muito comum nas baladas regadas a drogas e álcool. E nessas oportunidades, centenas de espíritos com o mesmo padrão vibratório de Silvinho procuram a satisfação dos seus anseios, fazendo dos encarnados "seus instrumentos de prazer", sugando quanto possível as suas energias do centro de força genésico.

Nossas colocações foram interrompidas por um sinal de chamada no celular de Anselmo, que tocou:

— Você é o garoto da foto? – a voz era de um homem que pareceu ser bem mais velho, podíamos ouvir.

Acompanhamos a conversa e pudemos observar a energia escura que se adensava e envolvia a aura do jovem encarnado.

Silvinho comprazia-se na conversa depravada.

Por alguns instantes, Anselmo hesitou. Pensou no pai e na mãe, que embora estivessem sempre ocupados, quando estavam em casa procuravam cercá-lo de atenção.

— Ele manifesta uma energia muito intensa no campo sexual – comentei.

— É a condição dele nesse momento da sua vida, é natural – Zoel argumentou.

– Interessante observar que essa mesma condição varia de espírito para espírito – Augusto obtemperou.

– É verdade, cada um de nós manifesta de maneira inata as tendências predominantes, nossas heranças e comportamentos de outras vidas. Buscamos sempre as coisas que nos satisfazem. E se não estivermos adequadamente adestrados, para resistir aos apelos que nascem dentro da própria alma, sucumbimos. Nesses tempos de transição, o jovem é desafiado constantemente pela vida...

– E como, Luiz Sérgio, existe hoje uma liberalidade em relação a alguns comportamentos, que são verdadeiros atalhos para o aturdimento e o vício. Mas, tudo isso ocorre com um propósito, de encaminhar os espíritos em direção à própria redenção. Diríamos, sem medo de errar, que as provas na escola da Terra em alguns setores do comportamento humano são mais desafiadoras. É o progresso natural das coisas – Patrício esclareceu.

E ele tinha toda razão.

No campo dos relacionamentos humanos os desafios são bem maiores e as provas mais ásperas.

Existe hoje, para os jovens, liberdade na esfera do comportamento sexual. Diferentemente de alguns anos, em que aqueles que fugissem ao padrão, entendido por "normal", eram execrados e sofriam perseguições tenazes. Não que isso não ocorra mais, pois, ainda acontecem crimes terríveis, violências injustificadas, que são perpetrados contra aqueles que estão na condição de homoafetividade.

A sociedade já esboça em vários setores um comportamento mais respeitoso e tolerante. Promíscuos existem entre heterossexuais ou homoafetivos, sendo uma condição da alma.

– Não deseja dividir conosco as suas reflexões, Luiz Sérgio?

– Zoel, eu estava pensando nas provas mais complexas que os jovens hoje enfrentam na área sexual.

– Por isso, mais do que nunca, a educação é a vacina profilática contra a manifestação da ignorância que agride e persegue – Augusto afirmou.

Todos nós concordamos com aquela colocação.

Voltamos nossa atenção para o jovem Anselmo e sua companhia espiritual. Ele, então, desligou o telefone a fim de se preparar para o primeiro encontro, ocasião em que mercadejaria o próprio corpo.

– O que vamos fazer? – indaguei, contemplando meus irmãos de aprendizado.

– Não temos como tolher a ação livre e independente das pessoas. É a semeadura de cada um. Não somos paladinos da justiça, com o poder de livrar os jovens das escolhas que eles mesmos promovem em suas vidas. Nossa ação se restringe ao campo das inspirações e da mobilização de todos os recursos possíveis, seja pelas orientações durante o desdobramento, quando do sono físico, ou da inoculação de pensamentos nobres e também do aconselhamento através de terceiros, encarnados ou não.

– Em muitas situações, nossa ação direta dá-se apenas quando as consequências das escolhas equivocadas materializam-se por meio do sofrimento. Nesse instante, após a dor, o coração que foi devidamente preparado e sulcado pelas lágrimas torna-se acessível à nossa influência mais direta. Infelizmente, é assim que acontece. O prazer é uma espécie de venda que o jovem coloca voluntariamente nos olhos e que a dor trata de remover no tempo certo.

Não nos cabia mais fazer qualquer tipo de comentário naquela hora grave, tal a lucidez das colocações de Patrício.

Muitas vezes os pais fazem preces endereçadas a mim, pedindo por seus filhos. Quando passei pelas primeiras experiências dessa natureza, e devido à minha falta de compreensão de como as leis naturais se processavam, eu me sentia absolutamente impotente para ajudar a todos que me buscavam.

Mas, depois que aprendi que minha impotência diante dos fatos era na realidade a falta de entendimento a respeito do livre-arbítrio de cada um, eu me tranquilizei.

E muitos dos jovens que procurei ajudar por intervenção das preces dos pais, na realidade, só receberam nossa ajuda após experimentarem a dor trazida pelo resultado das próprias escolhas.

Inúmeras vezes eu gostaria de ter ajudado, mas não podia tolher a oportunidade de aprendizado que todos optam por ter. Se assim fosse, não existiria justiça divina, sem que todos fossem responsabilizados pelas escolhas que fazem.

Reconheço que o período juvenil é um universo vasto de preocupações e convites tentadores, mas ainda assim, o jovem deve compreender que é ele quem faz o seu caminho, é ele quem planta, portanto, colhe!

Mas, Patrício interrompeu minhas reflexões, continuando:

– Ninguém fica desamparado. Todos nós temos um espírito protetor, um amigo que zela por nós, quando estamos em trânsito nas lutas redentoras do mundo físico. O espírito protetor não desampara seu tutelado, pode até se afastar momentaneamente dele quando não ouve os seus conselhos, mas não o abandona, jamais. Essa é a situação do nosso Anselmo, e também do próprio Silvinho, que mesmo permanecendo na faixa da vampirização sexual, também recebe oportunidade para mudar o rumo das escolhas que faz.

E mais uma vez eu recordei Kardec e suas reflexões acerca dos anjos guardiões.

– Eu me lembrei de Allan Kardec, Patrício, de *O Livro dos Espíritos* e das questões que abordam os espíritos protetores.

— Verdade, Luiz Sérgio, se todos soubessem que cada ser humano que se encontra em provas no mundo tem um amigo invisível a protegê-lo. Um espírito protetor, um anjo guardião, seja lá o nome que se queira dar, mas o que importa é que ninguém caminha sozinho.

— E onde está agora o espírito protetor de Anselmo? — Augusto inquiriu.

— Trabalhando pelo bem do seu protegido certamente — Patrício respondeu. — O anjo guardião não necessita estar colado em seu tutelado para exercer sua influência amorosa. Vamos conhecê-lo em breve.

— Está muito presente em minhas recordações de estudos as perguntas referentes a este assunto, por exemplo, a pergunta 498:

> *Quando o Espírito protetor deixa o seu protegido se extraviar na vida, é por impotência para enfrentar os Espíritos maléficos?*

> *Não é por impotência, mas porque ele não o quer: seu protegido sai das provas mais perfeito e instruído, e ele o assiste com os seus conselhos, pelos bons pensamentos que lhe sugere, mas que infelizmente nem sempre são ouvidos. Não é senão a fraqueza, o desleixo ou o orgulho do homem que dão força aos maus espíritos. Seu poder sobre vós só provém do fato de não lhes opordes resistência.*

Essa pergunta esclarece ainda mais o que falamos anteriormente sobre a necessidade de Anselmo aprender com as próprias escolhas.

INTERVENÇÃO ESPIRITUAL

Acompanhamos Anselmo em sua aventura e tivemos dificuldade em levar até ele nossas inspirações.

O amor sempre fala mais alto, e mesmo diante da escolha do jovem equivocado, Patrício, Zoel, Augusto e eu concordamos em tentar mais uma vez auxiliar aquele rapaz.

Ao chegarmos ao local, nós nos deparamos com diversas entidades de aspecto sombrio. Tratava-se de "vampiros sexuais" e aguardavam o momento oportuno para usufruir das paixões escravizantes. Essas entidades eram as companhias espirituais habituais do homem que havia contratado Anselmo. Silvinho vibrava de alegria pela ascendência que tinha sobre Anselmo.

Pudemos testemunhar um diálogo singular ocorrido no momento em que Anselmo chegava para o encontro.

Uma das entidades que fazia companhia ao homem que aguardava Anselmo, ao ver o jovem chegar, tentou envolvê-lo fluidicamente para vampirizá-lo sexualmente, mas Silvinho reagiu:

– Qual é a sua? Esse garoto é meu, ele me pertence! Gastei muito tempo e tive trabalho para consegui-lo, e você chega assim querendo tomar esse "hospedeiro" de mim?

Silvinho esbravejava e abraçava Anselmo, como se de fato ele fosse sua propriedade.

– Podemos ficar juntos! – a entidade feminina falava com lascívia. – No nosso caso, três não é demais.

– **Ele me pertence...** – Silvinho gritou.

– Infelizmente, muitos jovens não compreendem e desconhecem os processos de vampirização por espíritos atormentados na área sexual e dos vícios.

– Luiz Sérgio, cada vez mais cedo, os adolescentes têm sua iniciação sexual de maneira tristemente precipitada. As enfermidades sexualmente transmissíveis crescem de forma alarmante. Espíritos nobres empenharam-se consideravelmente para influenciar os homens, a fim de que algumas vacinas preventivas, como contra HPV, fossem aplicadas nas meninas e nos meninos o mais cedo possível. A ação visa prevenir enfermidades degenerativas e outros males advindos do início prematuro da vida sexual e da leviandade da troca de parceiros. Os homens de ciência, especialmente os da área da medicina, captaram as inspirações do Alto, e diante da gravidade do quadro adotaram essas medidas preventivas. Tudo deve ser feito enquanto a educação não for entendida tal qual vacina para a alma.

– Patrício, é urgente a educação responsável no campo do sexo – Augusto argumentou.

— Sem dúvida! A questão é de saúde pública, e essas ações educativas serão tomadas brevemente. Nós, os espíritos espíritas, estamos trabalhando incansavelmente junto aos encarnados responsáveis pela educação de crianças e jovens, para a adoção de nova postura. Apenas a educação será capaz de fazer frente ao estado de calamidade atual. A implantação de novas disciplinas no campo da educação para a conscientização e renovação do comportamento humano se dará em breve nas escolas do mundo.

Quantas experiências e momentos valiosos para meditar e, principalmente, divulgar pela mediunidade, visando aos jovens, pais e educadores.

A situação do jovem Anselmo desenvolveu-se de forma degradante, e nossos esforços foram inúteis para evitar tudo aquilo. Passado algum tempo, Anselmo recebeu o dinheiro e se despediu. Optamos por acompanhá-lo pelas ruas, de volta ao lar.

Ele decidiu tomar um táxi e fomos juntos. Abraçado a ele, Silvinho não continha a euforia pelas vibrações extraídas da vampirização das energias sexuais do seu "hospedeiro". A companhia espiritual de Anselmo estava aturdida, parecendo estar embriagada.

Aquela situação chamou-me atenção e não perdi a oportunidade de buscar novos conhecimentos:

— Ele parece anestesiado — falei.

— No campo das sensações mais grosseiras, quando ocorre o vampirismo sexual, o "vampiro" extenua-se e experimenta certa euforia, após o uso da energia da qual se tornou dependente. Se prestarmos atenção ao campo vibratório de Silvinho constataremos que a emanação energética é densa e de aspecto leitoso. Ele experimenta alívio momentâneo na satisfação do seu desejo, mas rapidamente entra em novo processo de carência de energias sexuais. Tudo ocorre na mente, e a criatura viciosa, independentemente do vício, tem na satisfação do seu prazer o único objeto de vida. Silvinho encontrou em Anselmo a possibilidade de partilhar com ele os aturdimentos sexuais desregrados. Isso significa que o processo obsessivo que Anselmo experimenta não nasceu por sentimento de vingança com origem em outras existências. Houve uma identificação entre eles, e ambos têm o coração ligado ao "tesouro" do prazer sexual como forma de vida. Tudo está encadeado, e o problema atual pode promover a cura dos dois pela dor e pelas lágrimas, que ambos possivelmente experimentarão.

– É a singela lição de Jesus: *Porque onde estiver o vosso tesouro, aí estará também o vosso coração.* (Mateus, 6:21) – comentei.

– Sim, Luiz Sérgio, sua observação é pontual e muito importante, concordou nosso líder juvenil. – Alguns jovens colocam o coração no tesouro que é ter uma família, amigos, e outras coisas mais. São os valores que cultivamos que nos ligam à paz ou à inquietação interior.

O táxi parou em um semáforo com o sinal fechado em movimentada avenida daquela cidade. Naturalmente, Anselmo, que estava descontraído, teve sua atenção voltada para um jovem que passava ao lado do carro e se dirigia para a faixa de pedestre com a intenção de atravessar a rua.

Ao avistar o rapaz, Anselmo imediatamente abaixou o vidro e gritou:

– **Lucca... Lucca!!!**

O jovem virou-se para identificar de onde vinha o chamado.

Anselmo colocou o braço para fora acenando com entusiasmo.

Para nossa surpresa ele falou:

– Quanto deu a corrida até aqui?

O taxista informou.

Lucca aproximou-se da janela do carro.

– Espere, quero falar contigo! – Anselmo disse com alegria.

Ele pagou o motorista e desceu apressadamente. Os dois jovens abraçam-se com emoção.

Ao lado de Lucca, uma entidade espiritual sorriu para todos nós.

– Eu me chamo Flavio, e sou o espírito protetor de Anselmo...

Ficamos impactados positivamente.

– O que parece uma coincidência, é na verdade fruto do meu esforço de muito tempo, para que em alguma situação Anselmo pudesse se encontrar com Lucca, que é um grande amigo dele. Vendo que vocês estão aqui, meu coração renova-se na fé de ver Anselmo adotar outro comportamento.

Silvinho, que estava ao lado de Anselmo, identificou a presença de Flavio e disparou com rispidez:

– Você não desiste mesmo, hein, velho! Vaza daqui agora e nos deixe em paz!

Naquele momento, nós, alterando nosso padrão vibratório, ficamos visíveis para Silvinho, e sua reação de contrariedade foi imediata:

– Agora vocês vêm de bando?

– Relaxe, Silvinho, estamos aqui numa boa para ajudar você – falei com alegria.

– Te conheço? – ele respondeu perguntando.

– Prazer, sou Luiz Sérgio – eu estendi a mão para ele.

– Queremos te dar uma força – Zoel interveio.

– Não quero força alguma, me deixem em paz...

Ele se aproximou de Anselmo e gritou descontrolado:

– **Vamos vazar daqui, que tem patrulha do Carpinteiro na área... Vamos!!! Esses crentes idiotas...**

Antes que Patrício pudesse fazer algum comentário, Silvinho partiu deixando Anselmo sozinho.

– Por enquanto, a presença de Lucca mudou a faixa de pensamentos de Anselmo interrompendo a conexão entre ele e Silvinho.

– Então, temos de ajudar agora! – Augusto sugeriu.

— Sim, faremos isso — Flavio falou com esperança. — Tenho tentado criar situações favoráveis para o encontro entre os dois jovens. A amizade entre eles é muito forte desde a infância. Lucca era vizinho de Anselmo e seus pais sempre foram muito amigos, mas como tantas pessoas, foram engolidos pela urgência desses tempos e perderam o contato. Com a ajuda dos amigos espirituais de Lucca e a monitoração sobre os deslocamentos de Anselmo, felizmente conseguimos realizar esse encontro hoje.

— Que coincidência te encontrar, cara! Por onde você andou? — Anselmo questionou o amigo.

— É uma grande coincidência mesmo, numa cidade grande como a nossa você me acha na rua de dentro de um táxi. Vou contar ao papai e ele não vai acreditar. Mas tenho pra mim que isso é obra de Deus! — Lucca disse com sorriso largo.

Anselmo achou aquele papo de Deus bem estranho, mas isso não importava para ele, o importante era rever Lucca.

— Coincidência, também conhecida como Deus na vida da gente, falou sorrindo.

— Mas, me conte, o que você está aprontando?

— Anselmo, minha vida mudou muito. Você nem imagina. Passamos por muitas dores e sofrimento. Mamãe teve câncer...

— Nossa, que doideira isso!

– Foi uma barra pesadíssima que eu e papai enfrentamos. Mas, é o seguinte cara, como diz a galera da minha igreja, sempre acende uma luz quando a dor escurece o nosso dia.

Anselmo, surpreso, ouvia tudo aquilo tentando compreender a situação do amigo.

E Lucca continuou:

– Mamãe precisou fazer quimioterapia e quase morreu. Meu pai e eu ficamos desorientados. Foi uma prova muito difícil para todos nós, loucura mesmo. Um dia Deus entrou na nossa vida...

– Você virou crente, Lucca?

– Hoje, eu sou cristão e faço parte de uma juventude evangélica.

Anselmo era avesso à religião e a todas as coisas que falavam de amor e Deus. Ele se sentia constrangido, podíamos perceber com clareza seu desconforto.

– Quando tudo parecia perdido, minha mãe muito fraca, eu e meu pai sem esperança alguma, recebemos a visita de alguns jovens de uma igreja. Foi igual a esse encontro nosso de hoje, eles simplesmente bateram à nossa porta, e meu pai me pediu para atender. Assim que vi aqueles jovens sorrindo, tive vontade de bater a porta na cara deles. Não tive tempo, porque um deles, coincidência ou não, disse assim: "Viemos trazer a salvação para sua família". – Salvação? – perguntei. E eles responderam: "Queremos fazer uma oração em sua casa, Jesus está pedindo para entrar, você permite?" – Voltei para dentro de casa com aqueles quatro jovens. Meu pai se surpreendeu pela inconveniência da situação e eu procurei explicar o inexplicável, porque a minha família, assim como a sua, nunca se preocupou com esses papos de religião.

– Verdade! – Anselmo concordou.

– Papai, eles pediram para fazer uma oração e eu...

– Mas, sua mãe não está em condições de receber visitas...

– Deixe que eles venham aqui... – A voz frágil da mamãe se fez ouvir. A gente se entreolhou e papai conduziu aqueles jovens até o quarto dela. Foi um "milagre", parecia que uma brisa suave tinha refrescado toda casa. Tudo ficou mais leve, após as orações deles. E a partir daquele dia, eles passaram a frequentar nossa casa e a fazer orações e a leitura do Evangelho. Minha mãe ganhou novas forças, e se abrigou nas orações. Até que o câncer foi vencido. Passamos a frequentar a igreja e aceitamos Jesus por nosso Salvador.

Anselmo ficou parado e aturdido com as palavras do seu amigo.

– Agora que te encontrei, não quero mais perder o contato.

Espontaneamente, Lucca o abraçou causando-lhe surpresa.

– Vamos fazer um lanche?

Intimamente, Anselmo queria se livrar de Lucca.

Parecia que o amigo de hoje não era o mesmo de tempos atrás. Mas, isso não o impediria de pelo menos lanchar com ele, afinal de contas, eles sempre foram muito unidos, a ponto de algumas pessoas acreditarem que os dois fossem irmãos.

Durante aqueles minutos de reencontro, a ligação mental entre Anselmo e Silvinho ficou interrompida.

Eles caminharam por duas quadras até encontrarem uma lanchonete onde se acomodaram, pedindo refrigerantes.

Anselmo falou sobre os próprios pais, na verdade, reclamou da distância que sentia na difícil relação.

Após os pedidos, em breve tempo os sanduíches foram servidos e os dois diminuíram a conversa entre uma mordida e outra no saboroso lanche.

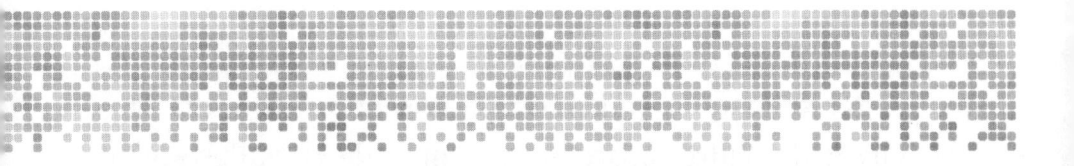

O JOVEM PASTOR

— Quero te convidar a conhecer a galera da minha igreja.

Anselmo interrompeu o lanche, como se quisesse ouvir melhor, sem o barulho da mastigação que fazia nas grandes mordidas que dava no apetitoso lanche.

— Não entendi... — Ele pediu para que Lucca repetisse o convite.

Lucca, de boca cheia, fez um sinal com a mão para que o amigo o esperasse engolir o naco de sanduíche que triturava.

— Eu quero te convidar — ele falou limpando com um guardanapo a boca suja de maionese — para visitar a minha igreja e conhecer o João Pedro...

— Quem é João Pedro? — Anselmo indagou inquieto.

— João Pedro é o nosso jovem pastor, ele é o responsável pela juventude da nossa igreja. Tenho certeza que você vai gostar dele.

Anselmo ficou sem responder, porque tentava encontrar uma resposta para aquela situação que ele julgava embaraçosa. Vendo que o amigo demorava demais para responder, Lucca insistiu.

— Como é? Vamos conhecer a minha igreja?

Nesse instante, o celular de Anselmo tocou, era uma chamada realizada através de uma rede social. Ao olhar para a tela do telefone ele viu o rosto de uma jovem e bela mulher, que ele não conhecia.

– Um minuto, Lucca, já eu falo com você.

Ele se afastou um pouco do amigo, para poder falar à vontade. A mulher tinha visto a foto dele nas redes sociais e ao perceber que ele vendia favores sexuais não hesitou em ligar. Ao lado dela, identificado com as vibrações desequilibradas, estava Silvinho, que dessa forma procurava resgatar seu "hospedeiro" das malhas dos seguidores de Jesus.

Identificamos imediatamente a situação, e me desloquei até a jovem, junto com Zoel. Ao notar nossa presença, Silvinho amaldiçoou-nos, fugindo dali.

A quebra de sintonia entre ele e a jovem aturdiu-a momentaneamente, e ela se desinteressou pelo encontro vindo a desligar o telefone.

Retornamos imediatamente e ainda vimos que ao mesmo tempo em que Anselmo mexia em seu telefone para reativar a ligação perdida, Flavio aproximava-se de seu tutelado, abraçando-o com desvelado amor, e inspirando-o a aceitar o convite do amigo Lucca.

– Tudo bem, Anselmo?

– Sim, Lucca, tudo beleza!

– O que você vai fazer agora?

– Voltar para casa, quer ir comigo para rever meus pais?

— Quero rever seus pais, mas primeiro desejo te levar para conhecer meus jovens amigos da igreja.

Anselmo percebeu que estava em situação embaraçosa, e de mais a mais, ele gostava muito de Lucca, que de verdade era para ele feito um irmão.

Lembrou-se do tempo em que conviveram, e se recordou das vezes em que seu jovem amigo livrara sua cara em algumas situações. E sem a influência vampirizadora de Silvinho, ele se tornou mais dócil e cedeu ao convite do amigo.

Se era para lidar com a situação, que fosse o mais rápido possível, dessa maneira ele satisfaria o amigo e não precisaria voltar mais a tal igreja.

— A reunião de vocês demora muito?

— Que nada, Anselmo, é coisa rápida!

— Feito!

E os garotos, enquanto aguardavam o ônibus que os levaria à igreja, relembravam os bons tempos da infância.

A interação entre eles nos interessava muito enquanto material de estudo, considerando que Anselmo há pouco sofria grande manipulação de Silvinho.

— Para uma ligação energeticamente estreita, tal qual Silvinho e Anselmo tinham, avaliando esse quadro atual, nem parece que ele é vítima de um processo obsessivo — Augusto comentou.

— Creio que a priorização do sentimento de amizade que ele tem pelo Lucca promoveu a interrupção do canal entre eles.

– Tem razão, Zoel, conexão mental também é questão de preferência. Tal qual a sintonia com uma emissora favorita, nosso pensamento tonifica-se consoante a nossa predileção. A origem do vínculo entre Anselmo e Silvinho ainda não foi removida, por isso eles podem se conectar a qualquer instante. Silvinho é muito inteligente e demonstrou isso ao tentar induzir aquela garota a um encontro com Anselmo. Ele sabe que a tendência perturbadora de Anselmo em relação aos prazeres sexuais não se esgotou. E por muito tempo ele ainda vai acionar esse mecanismo, porque ele sabe que o seu "hospedeiro" fica fragilizado perante esses convites e tentações.

– A comparação pode parecer forte, mas expressa a mais pura realidade. É como o alcoólatra que necessita resistir ao primeiro gole, a situação de Anselmo é idêntica. Ele não tem preferência por esse ou aquele sexo, pois o foco dele está no prazer, não na afetividade. O espírito que tem compulsão por sexo quer apenas o gozo, ele não quer amor. Semelhante ao alcoólatra que bebe qualquer tipo de bebida, pois quando está com vontade, ele quer beber, apenas isso.

– Sua colocação é muito importante, Flavio – eu comentei.

– Minhas palavras vêm acompanhadas das lágrimas da experiência. Venho lutando por auxiliar Anselmo em seu despertar faz muitos anos, na verdade, desde sua vida passada.

– Realmente, a natureza não dá saltos em setor algum da vida humana – concluí.

– A conquista e o domínio de si mesmo são as construções de todos os dias – Patrício considerou.

Os jovens chegaram em frente a uma bela construção.

– Um templo muito bonito – eu observei.

Eles percorrem um corredor lateral e chegaram até um grande salão. No ambiente material, jovens sorridentes saudavam uns aos outros desejando a paz do Senhor para todos os corações.

Assim que adentramos o templo, duas entidades vieram ao nosso encontro. Uma delas, muito emocionada, abraçou Patrício com efusiva alegria:

– Patrício, meu bom irmão, a paz esteja contigo, que alegria te receber aqui!

– Josué, meu jovem pastor e irmão, a paz do Senhor esteja contigo!

Josué era tão jovial como nosso líder, e passava uma vibração amorosa que nos envolvia em profunda emoção.

– Eles são Luiz Sérgio, Flavio, Zoel e Augusto!

– Sejam bem-vindos ao nosso templo de trabalho cristão!

– Josué é o espírito responsável pela juventude dessa congregação – Patrício esclareceu com tocante emoção – e trabalha no atendimento e esclarecimento a jovens desencarnados. Auxiliado por outros irmãos de nossa esfera de ação, atende àqueles que têm na igreja reformada o móvel de sua fé. Nossos irmãos protestantes também são acolhidos por Deus, da mesma forma que nós espíritas somos. É claro que a Misericórdia Divina não violenta as consciências e suas crenças, mas a continuidade da vida após a morte física pede assistência para todos os filhos queridos de Deus. Todos nos defrontamos com as verdades naturais, independentemente das crenças professadas na Terra. O amor socorre, e é isso que todos fazemos quando esclarecidos. Não esqueçamos que as religiões são concepções humanas. Deus fala e atende a todos os corações, e isso é o que importa.

– Josué – indaguei curioso – como você conseguiu conciliar sua crença com a realidade da reencarnação e da mediunidade?

– Luiz Sérgio, sua curiosidade é muito natural, já que agora podemos entender que as religiões do mundo podem lançar luz umas sobre as outras. E todas que se dizem cristãs têm o que oferecer umas às outras.

– Quando o espírito que viveu sob a crença protestante retorna ao mundo espiritual, ele é, antes de tudo, respeitado em suas convicções. Nada pode ser imposto, uma vez que o amor de Deus não violenta as criaturas. Após o seu gradual despertar, e, à medida que as dúvidas vão chegando ao seu coração, nós iniciamos o amoroso trabalho de esclarecimento. À luz do raciocínio cristão e de uma fé pacificadora, os escolhos vão sendo removidos lentamente, de maneira que a realidade espiritual vai se acomodando no coração de todos. O contato consolador com espíritos familiares e o alívio em descobrir que não existem penas eternas trazem felicidade e harmonia. É claro que encontramos os ortodoxos, os refratários, mas todos estão sob o abrigo da Misericórdia Divina.

Estávamos embevecidos.

– Existem grupos de estudo também? – Augusto questionou.

– Mantemos as nossas escolas dominicais para o estudo da bíblia decifrando as alegorias e sepultando os dogmas. Tudo isso banhado pela luz da realidade espiritual que nos cerca. Nossas equipes socorristas mistas partem dos centros espíritas, das igrejas católicas, das igrejas protestantes e de outras denominações religiosas, como judaísmo, islamismo e budismo. As boas-vindas são adequadas à fé ou à crença de quem chega. Deus não pode receber os filhos que voltam ao lar, após as refregas na carne, sem o seu abraço acolhedor.

– Mas, é importante comentar que a utilização da mediunidade em nossas congregações tem nos auxiliado muito. Pastores médiuns têm levado a palavra do Senhor, inspirada pelas esferas mais altas, e isso tem resgatado vidas. Em nossas congregações, muitas conversões se dão após fenômenos mediúnicos riquíssimos de instruções evangélicas. As palavras registradas em *O Novo Testamento*, em Atos, 2:17, são confirmadas pela mediunidade nesses dias de transição:

E nos últimos dias acontecerá, diz Deus, que do meu Espírito derramarei sobre toda a carne; E os vossos filhos e as vossas filhas profetizarão; Os vossos jovens terão visões; E os vossos velhos sonharão sonhos.

– Para os espíritos lúcidos a única verdade é o amor e a caridade. Somos todos discípulos de Jesus e estamos trabalhando unidos para nos amar uns aos outros, como Ele nos amou.

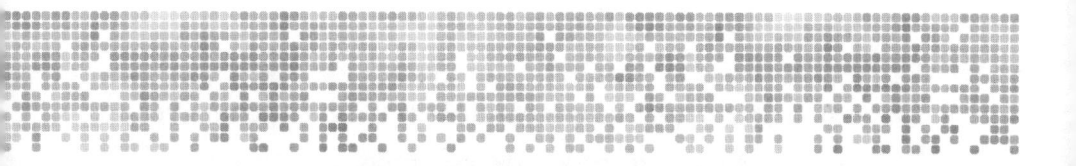

A COMUNICAÇÃO

— Josué — Patrício falou com gravidade na voz — o jovem que está acompanhando Lucca é tutelado de Flavio e vem resvalando no vício do sexo atormentado. Ele traz em si um histórico reencarnatório de quedas nesse campo, mas nessa encarnação, devido à pouca presença dos pais, ele experimenta grande liberdade nas redes sociais e a falta de controle sobre essas práticas. Na vida de Anselmo os limites nunca existiram, embora os pais dele sejam pessoas boas, de certa forma, eles perderam o ponto da educação se ausentando muito.

— Flavio vem se esforçando para reaproximar Lucca de Anselmo, já que os dois foram vizinhos faz algum tempo e criaram vínculos profundos de amor fraternal. Ele acredita que a aproximação dos dois possa trazer algum benefício ao seu tutelado. Finalmente nessa tarde, ele conseguiu promover a "coincidência". Após um lanche, Lucca conseguiu convencer o amigo a vir até aqui. Diante disso tudo, precisamos da sua ajuda, porque, nessa mesma tarde antes dos dois se encontrarem Anselmo iniciou-se na prática da prostituição juvenil.

A situação é grave e precisamos usar de todos os recursos para resgatar o jovem dessa ameaça.

– Tenho aqui um jovem cristão, ele é muito atuante e vem se revelando um bom instrumento como médium do bem. É claro que ele não sabe da sua condição de intérprete das nossas mensagens e orientações, mas aqui nas práticas evangélicas de nossa congregação não há necessidade de falar sobre o assunto. Para os nossos fiéis basta acreditar que o Espírito Santo está atuando. Aprendemos que o Espírito Santo, que é uma legião de entidades servidoras no bem, como o Espírito Verdade, que se manifestou a Allan Kardec, também o é. O nosso João Pedro é dócil instrumento de comunicação entre os trabalhadores protestantes desencarnados da nossa igreja e os fiéis encarnados. No instante mais propício, um de vocês, que estiver em condições de afinidade perispiritual mais adaptada a João Pedro, poderá se comunicar pela psicofonia e orientar Anselmo.

– Acredito que você deva se preparar Luiz Sérgio, para dar essa comunicação através do jovem médium João Pedro – Patrício aconselhou.

– Nunca pensei que um dia me comunicaria mediunicamente como "Espírito Santo".

Todos sorriram com as minhas palavras.

– Não se preocupe Luiz Sérgio, o bem não tem nome nem definição religiosa. Espero que você possa levar pela boca de João Pedro uma mensagem de renovação para o nosso Anselmo – Josué argumentou com serenidade.

– Esse momento é relevante como narrativa aos seus leitores, Luiz Sérgio, para que todos compreendam que o amor de Deus manifesta-se em todas as religiões. E nessa hora grave da história humana, em que muitos jovens encontram-se sitiados pelo mal, é importante que todos saibam que podem ser instrumentos do amor pela mediunidade.

– Sim, Patrício, necessitamos disseminar, o quanto possível, a interação do mundo espiritual com o mundo juvenil – Augusto asseverou com serenidade.

Nossos comentários foram interrompidos quando Lucca apresentou Anselmo:

– João Pedro, esse é Anselmo, meu amigo, mais que amigo, é um irmão que quero muito que você conheça...

– Maravilha, Lucca... E aí Anselmo? Tudo bem?

– Tudo certinho...

– Vamos até outra sala para conversarmos com mais tranquilidade...

Anselmo não via motivo algum para conversar com João Pedro, mas diante da animação do amigo Lucca, que sorria entusiasmado, ele aceitou de boa vontade.

Eles entraram na sala que tinha muitos livros em estantes muito bem arrumadas. Nesse momento, fiz a aproximação envolvendo o perispírito de João Pedro com as minhas vibrações. Ele registrou minha presença por meio de aquecimento brando em sua fronte e entorpecimento ameno do couro cabeludo.

Lucca silenciou e Anselmo notou novo brilho nos olhos de João Pedro.

O jovem médium era instrumento dócil, e gradativamente assumi o controle da sua instrumentalização vocal. A conexão mediúnica foi estabelecida e comecei a falar com voz suave e serena:

– Nosso coração está muito feliz com a sua presença, Anselmo. Há muito tempo te aguardamos.

As primeiras palavras que proferi pelos lábios do jovem João Pedro causaram certo embaraço no raciocínio de Anselmo, e prossegui:

– Queremos muito te abraçar, pois sabemos das angústias que seu coração vem experimentando. Sabemos que não é fácil decidir sozinho as coisas, principalmente quando nossos pais são muito ocupados com seus afazeres. Sei do vazio que existe em sua alma, e que ele vem sendo preenchido por prazeres inconfessáveis...

Anselmo levou um choque diante daquelas palavras pronunciadas de forma carinhosa, mas com plena verdade dos fatos. Intimamente, ele indagava se estava sendo vítima de um processo de alucinação: Como aquele jovem, que ele nunca tinha visto antes, podia ter conhecimento de tudo que estava acontecendo com ele?

A surpresa aumentou...

– Suas últimas escolhas aumentarão muito o vazio que você quer preencher. Porque sua sede de amor não será preenchida com recursos financeiros, ou com a mudança de companhias para o prazer.

Anselmo se mexia na cadeira.

Nesse instante, Patrício aproximou-se e estendeu a destra sobre o centro de força coronário de Anselmo. Energias de uma luz intensa eram derramadas sobre o jovem aturdido. A realidade das palavras, associada às energias balsamizantes que o envolviam, promoviam higienização no perispírito de Anselmo.

Zoel, Augusto e Flávio oravam fervorosamente.

João Pedro seguiu, falando:

– O caminho escolhido pode não ter volta, a menos que você detenha agora seus passos. Seu corpo é um templo sagrado, que não deve servir aos vampiros do sexo.

O espanto do jovem só fazia aumentar.

Lucca, a tudo ouvia de olhos fechados, também se mantendo em oração.

– Estamos aqui com os nossos braços abertos para te acolher, porque somos uma família, e Jesus Cristo é nosso irmão, nosso caminho, nossa verdade e nossa vida. Não podemos e nem queremos te obrigar a nada, daqui a pouco quando você for embora, terá diante de si a possibilidade de escolher o caminho a seguir. É você e sua consciência.

Anselmo achava tudo aquilo muito estranho e sentia arrepios a percorrerem seu corpo. Era como se ele estivesse nu diante de João Pedro. Cada palavra pronunciada revelava tudo que se passava em sua alma. E os olhos serenos do jovem pastor penetravam seu coração e o tocavam profundamente.

Aproveitando o campo emocional propício para uma abordagem mais profunda, e vendo no momento uma oportunidade única, segui falando:

– Sabe Anselmo, nossos pais são aprendizes iguais a nós. Criaturas inexperientes que, às vezes, se perdem e se confundem tanto quanto jovens como nós. E assim como eu e você, muitas vezes eles necessitam da nossa compreensão. Se você confiar em Deus, essa situação, esse afastamento momentâneo irá passar e sua família viverá novo tempo, um tempo de amor e união. Pais e filhos erram e acertam, e Deus compreende a todos. Não devemos esquecer que todos nós podemos fazer alguma coisa para ajudar as pessoas que amamos. Agora, continuar no caminho que você está escolhendo é fechar definitivamente todas as portas para sua família.

Anselmo estava em choque, como aquele jovem podia saber de tudo aquilo, sem que ele nunca o tivesse visto na vida?

Gradativamente, fui desligando os laços fluídicos do meu perispírito que envolviam João Pedro. E delicadamente o jovem foi se assenhorando novamente da sua capacidade intelectiva.

– Você gosta de algum instrumento musical? – João Pedro indagou sorridente.

– Gosto de guitarra...

– Mas toca?

– Arranho algumas notas...

E sorrindo, o jovem líder cristão virou-se para Lucca e disse:

– Mas veja se Jesus não é o cara, Lucca! Nós aqui precisando de um guitarrista para o festival de música gospel, e o Anselmo cai assim, do céu!

– Olha aí, Anselmo! O que me diz de se juntar com a gente? Tem uma galera muito boa aqui na igreja, vai ser dez se você topar! Nosso grupo se chama "Jovens Apóstolos"...

Anselmo hesitava um tanto sem graça, mas a ideia o atraia.

Desde que encontrou Lucca naquela esquina uma avalanche de novas situações se sucederam.

– Tudo que foi possível se fazer, foi feito. Agora é o livre-arbítrio que define tudo!

– É verdade, Zoel! – Flavio concordou meneando a cabeça.

– E o Silvinho? – indaguei.

– Eu sei onde encontrá-lo – Flavio comentou.

– Da mesma maneira que nos esforçamos para ajudar Anselmo, também devemos tentar, pelo menos mais uma vez, auxiliar Silvinho – Patrício afirmou.

– O que faremos?

– Luiz Sérgio, eu posso levar vocês até o local onde ele costuma ficar.

– Vamos agora, Flavio! – Patrício pediu. – Acredito que se conseguirmos ajudar Silvinho de alguma maneira, isso também beneficiará Anselmo.

SILVINHO

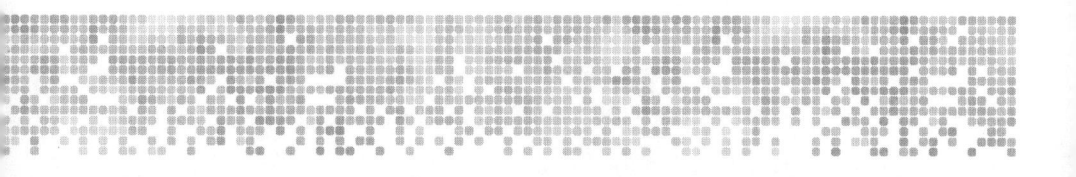

Flavio ficou ao lado de Anselmo, que por sua vez se enturmou com João Pedro.

A liderança e o comportamento do jovem pastor, assim ele era chamado por todos os jovens da congregação, contagiou o recém-chegado, e a eles vieram se somar mais jovens.

A fraternidade com a qual Anselmo viu-se envolvido deu a ele a certeza de que estava diante de uma grande família.

Não era como na escola, onde as aparências regiam as relações e ele não tinha conseguido se enturmar de verdade. Anselmo tinha colegas no colégio, com alguns se reunia para fazer trabalhos escolares, mas nada, além disso.

Por seu jeito um tanto fechado, embora as garotas dessem em cima dele, devido a seu tipo físico, amigos eram raros, mas colegas ele tinha muitos. Ele sentia que tudo era muito superficial, porque quando chegavam as férias ninguém se via mais, nada de telefonemas, nada de passeios ou diversão. Talvez a culpa fosse dele mesmo, algumas vezes admitiu, porque se achava um cara um pouco complicado para se relacionar. Por isso, preferia andar sozinho.

Mas com o decorrer do tempo, Anselmo passou a viver longos períodos do dia sozinho, e as suas tendências de outras vidas, mais as influências espirituais, o levaram para os caminhos que conhecemos.

Não importa qual seja a situação de alguém, Deus sempre envia mensageiros e aponta novos caminhos, mas a decisão é sempre nossa. O retorno de Lucca à vida de Anselmo significou novo caminho, nova direção apontada por Deus, antes que ele se afogasse no pântano do vício.

Refleti profundamente sobre essas questões e pensei no imenso número de jovens que passa pela mesma situação de Anselmo. Muitos estão por aí pedindo socorro, desejando ser notados, mas a competitividade da vida acaba engolindo os relacionamentos familiares e os pais se apartam dos filhos, sem se darem conta de que existe uma separação sutil acontecendo. Então os jovens, sempre ávidos para aprender, terminam por preencher a ausência dos pais pela presença no mundo e nas baladas.

Eu tenho aprendido que tanto aqui, quanto aí, temos tempo para tudo, mas é preciso prestar atenção na própria vida, e, nesse aspecto o jovem não tem essa experiência toda para perceber quando as ilusões da vida o estão engolindo.

Mas, o fato é que tem muita gente enfrentando essas lutas e eu acredito que nessas questões o Espiritismo tem muito a nos esclarecer e orientar.

Pais e filhos necessitam uns dos outros, por mais que alguém acredite que não chegue um tempo na vida em que essa necessidade venha da alma.

Minhas reflexões foram interrompidas, quando chegamos em frente a uma construção sombria.

– É aí... – Flavio apontou, despedindo-se da gente.

E de imediato senti a péssima psicosfera. Existia ali odor repugnante devido ao excessivo consumo de álcool e de cigarros, mais o odor de perfumes exóticos e exagerados.

Entidades espirituais em péssimo estado entulhavam o corredor, por onde havia mulheres dos dois lados, e entre elas, muitas adolescentes, todas aguardando clientes para programas sexuais. Percebemos que o entra e sai de pessoas não se devia apenas ao comércio do prazer sexual, mas também ao tráfico e consumo de drogas.

Aparelhos de jogos eletrônicos voltados para o sexo e a incitação à violência eram jogados por alguns garotos portando garrafas de bebidas alcoólicas nas mãos.

Na nossa dimensão, prostitutas desencarnadas misturavam-se às encarnadas em perturbadores processos obsessivos. Gigolôs espirituais, embora desencarnados, mantinham-se em processo de violência e abuso contra prostitutas das duas dimensões. Alguns desses gigolôs revelavam ter conhecimento da condição de desencarnados, mas ainda assim manipulavam as mulheres igualmente desencarnadas, subjugando-as, e mantendo-as sob os seus caprichos.

Em um canto do ambiente vicioso, Silvinho ocupava uma das mesas, acompanhado de duas entidades femininas.

A vibração era muito densa, e nós quatro entramos sem que fôssemos vistos.

Observei que em outro corredor havia várias portas, que deduzi serem quartos, para onde os casais se dirigiam após o acordo financeiro que garantiria a venda e a compra do prazer. A cada casal de encarnados que entrava no fétido cômodo, juntava-se um casal de desencarnados. Em conluio mental, casais de vampiros e casais de vampirizados participavam do encontro regado a álcool e drogas, entregando-se apaixonadamente aos apetites mais grosseiros, sem a manifestação de qualquer sinal de afetividade.

Olhei para Patrício e para os meus amigos, aguardando a manifestação de um deles.

– O que podemos fazer para auxiliar esses nossos irmãos?

– Augusto – Patrício falou com tom grave na voz – o socorro sempre chega até eles. Em várias oportunidades, dedicados companheiros à causa do bem sinalizam com fraternidade e amor, acolhendo os corações que se predispõem a aceitar a ajuda. Recolhemos centenas de jovens em todos os lugares que se extenuaram espiritualmente e procuram respostas para suas dores. São milhares de preces que partem do coração de pais encarnados rogando socorro aos filhos que prematuramente partiram da Terra. Mortes em acidentes automobilísticos, comas alcoólicos, trotes universitários e tantas outras situações em que jovens são mortos e mutilados, por não terem noção sobre o que é a vida.

– Hoje, o consumo foi entronizado tal qual felicidade nos corações humanos. Pais e filhos regozijam-se e se mantêm unidos enquanto a vida financeira está próspera. Uniões familiares frágeis fundamentadas no ter, em detrimento da essência espiritual, daí o vale imenso de dores que habita as almas humanas. O império dos vícios comanda a valoração do hedonismo em que as pessoas, de forma geral, atiram-se ao gozo, esquecendo que o amor é o prazer do espírito imortal. Sem amor, somos flores artificiais, podemos ter beleza e encantamento, mas não dispomos do perfume da paz, que inebria e contagia outros corações. Sem amor, somos noite sem estrelas, lar sem paz, pai sem filho.

– Chegou ao meu coração uma rogativa de uma mãe, que registrei emocionado. Foi a mãe de Silvinho, que numa prece fervorosa evocou meu auxílio. Minha alma foi inundada de ternura, pois ela me disse assim: "Como a mulher que sofria de hemorragia e conseguiu tocar o manto de Jesus, eu desejo tocar seu coração, pedindo sua intercessão pelo meu amado Silvinho, que há muito se perdeu nos descaminhos do vício e da ilusão." Identifiquei a mãe que orava, Dona Jandira, que é servidora há muito tempo no nosso posto de auxílio, ela nunca me pediu nada. Desde que se vinculou ao serviço do posto, como auxiliar nas salas de refazimento, ela se entregou amorosamente à assistência aos jovens que são resgatados por nossa equipe. Jandira serve discretamente, nunca se queixa, nunca pediu nada, apenas vem servindo. Somente ontem à noite pude visitar o coração dessa mãe abnegada, que estava tão próxima aos nossos serviços, mas entendeu que o filho necessitava aprender com as próprias escolhas. Na noite passada, enquanto orava, sintonizei com nosso posto, visitando-o mentalmente, e me detive em nossas salas onde são registrados os pedidos de oração. Dentre tantas rogativas, uma me chamou atenção. As palavras de Jandira me remeteram ao Evangelho:

> *E uma mulher, que tinha um fluxo de sangue, havia doze anos, e gastara com os médicos todos os seus haveres, e por nenhum pudera ser curada; chegando por detrás dele, tocou na orla do seu vestido, e logo estancou o fluxo do seu sangue.*
>
> *E disse Jesus: Quem é que me tocou? E, negando todos, disse Pedro e os que estavam com ele: Mestre, a multidão te aperta e te oprime, e dizes: Quem é que me tocou?*

E disse Jesus: Alguém me tocou, porque bem conheci que de mim saiu virtude.

Então, vendo a mulher que não podia ocultar-se, aproximou-se tremendo e, prostrando-se ante ele, declarou-lhe diante de todo o povo a causa por que lhe havia tocado, e como logo sarara.

E ele lhe disse: Tem bom ânimo, filha, a tua fé te salvou; vai em paz.

(Lucas, 8:43-48)

Patrício narrou a passagem evangélica emocionando a todos nós. E eu que me emociono com tudo, já derramava algumas lágrimas. E enquanto ele comentava o Evangelho, algo singular acontecia naquele lugar, porque à medida que Patrício falava, o ambiente à nossa volta passava por uma transformação energética, uma higienização.

Todos os presentes, sem que se dessem conta, silenciaram e muita coisa aconteceu...

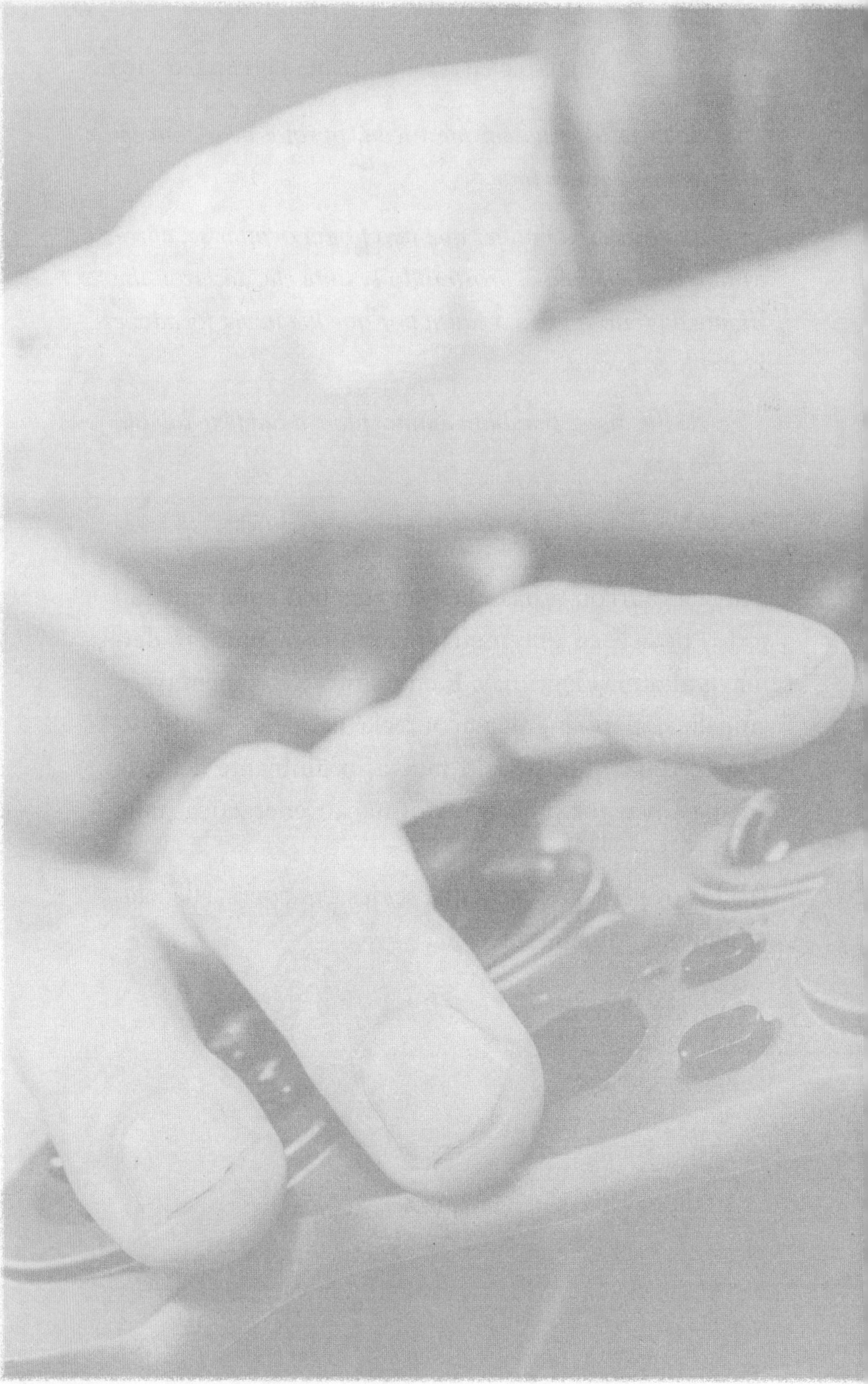

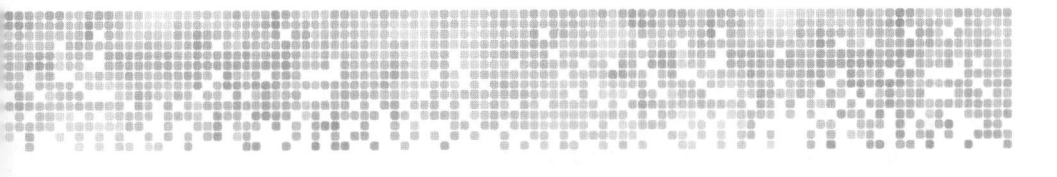

QUEM É PATRÍCIO?

Os acontecimentos que vou narrar agora ficarão para sempre em minha retina espiritual, pois para todos nós foi uma vivência de profundo aprendizado. Os fatos que se seguirão mostram claramente a minha condição de trabalhador e de aprendiz do amor de Deus.

Ao citar o Evangelho de Lucas, Patrício preparou o ambiente para uma intervenção espiritual de grande impacto em nossas almas.

– Vamos diminuir as nossas vibrações para sermos vistos pelos presentes.

Atendemos ao pedido de Patrício, e assim que nossa presença foi notada as agressões e ameaças começaram.

– Eu não sabia que nosso local de diversão permitia a entrada de crentes – disse um.

– Seguidores de Jesus, vieram aqui para transar? – galhofava outro.

– Mas eles são uma gracinha, são novinhos... É desses que eu gosto! – provocou uma mulher em tom de deboche.

– Podemos fazer todas as loucuras que quiserem – uma garota de cabelos cacheados disse, insinuando-se.

– Viemos aqui por amor a todos vocês, filhos amados de Deus! – Patrício afirmou.

– Agora somos obrigados a ouvir pregações nesse lugar? – provocou um jovem alcoolizado. – E ainda mais, de um projeto de pastor como esse, que nem tamanho tem para pregar!

As zombarias e os apupos só aumentavam.

Minha vontade era dizer a eles o quanto estavam iludidos vivendo daquela maneira, mas Patrício permanecia sereno e tranquilo sem esboçar qualquer contrariedade.

– Filhos da minha alma – Patrício falou com mansidão – vocês são as ovelhas perdidas, que Jesus vem resgatar... Nenhum de vocês se encontra perdido, apartado da bondade e do amor de Deus...

A fala do nosso jovem líder surpreendia-nos novamente, ele já tinha demonstrado preparo e amor em outras situações, mas aquele momento era diferente, eu olhava para Zoel e Augusto e eles também eram envolvidos pelo magnetismo amoroso das palavras de Patrício, que prosseguiu:

– O tempo das ilusões, do entorpecimento dos sentidos, está fadado ao fim... Jesus veio para os seus corações juvenis, para dar forma elevada aos seus sonhos. O Rabi de Nazaré, em sua peregrinação na Terra, também passou pela idade juvenil... Seus postulados pregam a rebeldia contra o mau...

– Basta! Chega dessa pregação ridícula! – Silvinho ergueu a voz com intensa revolta. – Eu não creio nesse pregador mentiroso! Vamos expulsá-lo da nossa casa! Eles estão me perseguindo...

Imediatamente, outras vozes se levantaram, proferindo impropérios.

– Expulsemo-los agora!!! – incitava alguém.

– Vamos esbofetear esses falsos profetas – convocava outro.

Permanecíamos quietos e confiantes na força moral de Patrício.

– Assim fizeram com Jesus, e hoje, mesmo com a nossa limitação, ignorância, Ele nos pede o testemunho do trabalho no bem.

As palavras de Patrício tinham energia desconcertante e, gradativamente, uma luz que começava a se desprender do seu corpo espiritual balsamizava o ambiente.

Diante dos nossos olhos, aquele corpo juvenil foi se metamorfoseando e todos ficamos estupefatos, quando diante de nós surgiu a figura paternal e amorosa de Bezerra de Menezes.

O semblante dele transmitia tanto amor, como eu jamais tinha visto.

Os presentes, que antes bradavam encolerizados, naquele instante, permaneciam aturdidos sem saber o que dizer.

Embora alguns não conhecessem a figura paternal do nobre trabalhador de Jesus, sua imagem honorável impunha respeito natural.

– Venho falar da Boa Nova de Jesus para suas vidas. Dizer o quanto são amados e esperados por Deus...

– Mas, eu não sou digna desse amor – comentou uma jovem se entregando ao pranto.

– Ele é seu Pai – respondeu Bezerra – com ternura na voz.

– Há anos que vivo na prostituição, não tenho mais jeito – afirmou uma garota sem olhar nos olhos do conhecido médico dos pobres.

– Chegou o momento de você dar seu amor a Jesus, porque Ele te aceita como é. Para Ele, nada além do amor que traz no seu coração. É o momento dessa luz que até esse instante esteve mortiça em seu coração brilhar intensamente. Ele veio para os desesperançados, para os aflitos sem direção. Venha, segure na minha mão – Bezerra afirmou com sorriso paternal.

Timidamente, ela se aproximou, e o Benfeitor Amoroso permaneceu com a mão estendida e um sorriso luminoso. Ele usava um guarda-pó alvíssimo, de onde uma luz indescritível irradiava pelo ambiente. Assim que a ponta dos dedos dela tocaram os dedos dele, a garota ajoelhou-se, mas de pronto ele a ergueu envolvendo-a num abraço paternal.

E outros se aproximaram e foram acolhidos. E alguns relatavam as dores que iam na alma.

Nossa emoção converteu-se em mais lágrimas, quando ele se dirigiu ao filho de Jandira.

– E você, Silvinho... Não quer o meu abraço?

Silvinho permaneceu em silêncio com jeito carrancudo.

– Acredito que exista alguém em especial que deseja te abraçar... Tenho certeza que o amor cobre a multidão de pecados, imagine então, o amor de uma mãe?

Ao lado do Benfeitor irradiou-se nova luz, formando uma espécie de porta luminosa.

– Que as mães desencarnadas sejam bem-vindas – o Benfeitor anunciou.

E pela porta de luz intensa, as mães de alguns presentes adentraram o ambiente. Ouviu-se, então, um coro de soluços e choros convulsos.

A palavra mamãe era a mais ouvida, seguida das palavras: "me perdoe"!

Jandira esparzia luz radiosa, e Silvinho, tal qual criança pequena, abandonou a rebeldia e se aninhou em seus braços.

Bezerra de Menezes sorrindo, comentou:

– O amor de uma mãe pode resgatar o filho dos caminhos mais tortuosos da ilusão.

O corredor onde ficavam os quartos iluminou-se, e parentes desencarnados e amigos espirituais penetravam os ambientes trazendo carinhosamente, de mãos dadas, as entidades perturbadas, feito crianças carentes.

Eu estava banhado em lágrimas.

Bezerra aproximou-se de nós e nos abraçou emocionadamente. Eu o apertei em meus braços o mais que pude, ele sorriu com meu jeito.

– Estamos todos vinculados à causa dos nossos jovens. Venho me esforçando para colaborar com essa juventude. Por isso, necessitamos despertar o Cristo Jovem, que vive em cada coração juvenil. Vivemos um tempo urgente em que nós, os espíritos espíritas, temos grande responsabilidade em contextualizar os ensinamentos de Jesus para o momento atual. As pregações castradoras e a educação impositiva e desrespeitosa precisam ser postas de lado, para que a amorosidade educativa, com rigor respeitoso, cumpra seu papel.

O amoroso Benfeitor seguiu comentando sobre a importância do Evangelho na vida dos jovens. Ao mesmo tempo, um grupo de espíritos socorristas adentrava o ambiente dando encaminhamento a todos os que se dispunham ao socorro. Com exceção dos que fugiram amedrontados com os fatos que ali ocorreram, os demais aceitaram a ajuda.

A presença de Patrício, que na verdade era o amado Bezerra de Menezes, foi determinante para o resgate daquelas almas em sofrimento.

Aprendi que o amor que se manifesta no exemplo de vida é mais eficiente do que qualquer conselho.

Foi isso que testemunhei e levarei comigo ao longo dos séculos.

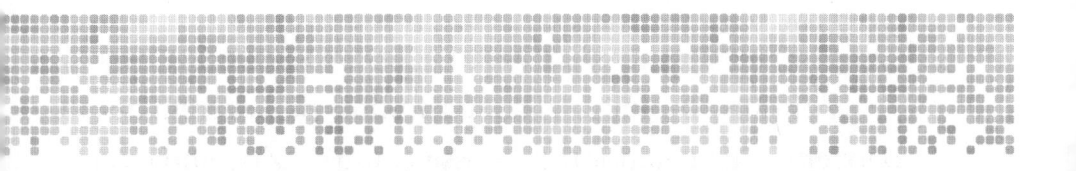

O BENFEITOR E OS JOVENS

A presença do valoroso Bezerra de Menezes em nossas atividades, junto ao mundo juvenil, calou fundo em nossa alma.

E diante da bênção dessa convivência, eu não podia perder a oportunidade de conversar e aprender com esse apóstolo de Jesus.

No curso das horas que se seguiram ao resgate de Silvinho aproveitei, juntamente com Augusto e Zoel, para indagar a respeito das atividades juvenis em nosso meio.

– Confesso – falei na primeira oportunidade – que sua presença entre nós, apresentando-se com características juvenis – lágrimas invadiram minha alma e se derramaram por meus olhos, chorei de tanto júbilo – vem mostrar o empenho de Jesus junto a esse público. O meu depoimento por meio desse novo trabalho literário certamente vai tocar outros corações, como o meu. Vai tocar aqueles que se preocupam e sabem que na criança e no jovem está a promessa verdadeira de uma transição pela educação espiritualizante.

– Fale-nos da sua visão sobre o jovem? – Augusto pediu.

– Por que é tão difícil para os adultos perceberem que o jovem pode colaborar na nossa causa? – Zoel indagou aproveitando o momento.

Bezerra sorriu com ternura paternal e falou:

– Filhos, diante de tantas dores num mundo de transição, nosso desejo em aplacar as tormentas vividas por crianças e jovens é imediato. Não obstante seja essa a realidade, o processo educativo das nossas almas leva tempo para se consumar. Apenas ao sabor das dores é que o espírito refratário desperta para os objetivos nobres da vida. Há quantos séculos o Cristo aguarda nosso despertar? Há quantas encarnações somos chamados aos deveres sacrossantos da responsabilidade familiar? As dores vividas pelo homem são escolhas do próprio homem através das ações por ele perpetradas.

– O advento do Espiritismo ainda não foi compreendido em toda sua magnitude, como Cristianismo redivivo. A Doutrina Espírita não veio ao mundo para corpos perecíveis. O espírita começa a descobrir agora a redentora proposta educativa de Jesus para seu aperfeiçoamento. É nos embates familiares, na decadência social, que tem sua gênese na família desestruturada, que o espírito humano perceberá a premente necessidade de cuidar da educação do espírito. Refiro-me aqui às notícias vindas da nossa dimensão através de vários médiuns da Terra, alertando sobre a urgência de se promover a educação espiritualizante. Apenas sob os auspícios do amor ensinado por Jesus é que lograremos o mundo novo. Mas tudo segue seu curso, tudo tem seu tempo, e o tempo de Deus não é o nosso que, invariavelmente, revela nossa incompreensão sobre os valores da vida.

– O concurso do tempo ensinará aos que ainda se demoram na necessidade das curas imediatistas, que o remédio está no processo de educar e se autoeducar. Os "médicos" dos novos tempos não são os que cuidam das enfermidades patológicas apenas, mas os que educam. As grandes cirurgias e tratamentos ocorrerão dentro dos corações humanos à medida que a educação do Cristo for ministrada.

– Crianças e jovens necessitam ser priorizados nas nossas escolas, refiro-me aos centros espíritas. No espírito que passa pela transição necessária da infância e da juventude é que reside de fato a renovação de valores, o aprendizado do Evangelho de Jesus. Recorro aqui ao singelo exemplo da plantinha, que se regada com amor e disciplina, tornar-se-á a árvore frondosa do porvir, a harmoniosa família, sedimentada nos valores imperecíveis da realidade espiritual. O dedicado professor, Allan Kardec, ofertou-nos profunda reflexão para os dias atuais, quando indagou aos Benfeitores imortais sobre as consequências do relaxamento dos laços familiares.

– Foi na questão 775 de O *Livro dos Espíritos*, e o Espírito Verdade respondeu que o relaxamento desses laços provocaria um aumento do egoísmo – eu comentei.

– Isso mesmo, Luiz Sérgio, com o relaxamento dos laços familiares o egoísmo recrudesce dentro do lar, o suicídio juvenil aumenta, os casamentos acabam. Novas enfermidades psicológicas surgem e são catalogadas como distúrbios ainda pouco conhecidos, mas tendo sua causa verdadeira nos transtornos da alma, que desconhece sua origem e destinação. São os náufragos da Terra, aqueles que são arrebatados pelo vento dos prazeres aviltantes, que buscam apenas a satisfação dos seus anseios, sem se dar conta dos nobres desígnios da vida.

– Nossa bandeira de todas as horas é a família. A dor que fere e atinge crianças e jovens cumpre o papel de despertar o homem para a realidade e para o retorno às coisas essenciais, como o amor e a simplicidade. Estamos passando pela Terra, somos oriundos de mundos distantes e cumprimos um estágio de aprimoramento aqui.

– Observamos nobres instituições que têm dificuldades em prosseguir com suas ações cristãs pela ausência de jovens em suas fileiras. Precisamos compreender que Jesus é e será sempre o mesmo, mas o contexto e a necessidade são outros. Nada do que foi realizado no campo educativo se perdeu, mas a forma de se fazer pode se renovar, consoante a evolução da sociedade. Os métodos educativos do início do século passado são inadequados para orientar e esclarecer os jovens desses dias. Na função de educadores, precisamos seguir o exemplo do Mestre de todos os tempos – Jesus. É preciso ir ao mundo do educando, entender a realidade e as necessidades juvenis, e adequar a mensagem cristã a esses corações.

Ouvíamos as palavras do Orientador com respeito profundo, e ele prosseguiu:

– Minha atuação, na aparência do jovem Patrício, fez-me comprovar na prática essa necessidade. Na linha de frente do atendimento aos jovens, eu não poderia me apresentar como grande parte dos espíritas me conhece, porque a maioria dos jovens não é espírita.

– Estamos atendendo à urgência do trabalho em várias frentes, mas há muito eu sentia a necessidade de estar mais próximo aos jovens. Outros trabalhadores do bem também estão se utilizando dos mesmos recursos de plasticidade do perispírito para ir ao mundo juvenil. Didaticamente, o trabalho é facilitado, a abordagem é mais rápida quando os jovens atendidos têm uma identificação visual com espíritos que lhe são semelhantes. Na ajuda que prestamos ao filho de Jandira e aos demais jovens, a nossa apresentação mais comumente conhecida foi um recurso necessário naquele momento, mas não é sempre assim. Para alguns, o momento atual é de trevas intensas, mas para o nosso coração é a hora da luz. Jesus segue no comando de tudo, e nós precisamos perseverar no amor. Somos aqueles que permanecemos indiferentes por muitos séculos ao chamado do Evangelho, mas agora não podemos mais perder tempo.

Bezerra fez breve pausa, permitindo-nos refletir com calma acerca de tantas coisas.

— Estarei sempre junto das atividades infantojuvenis. Venho participando dos encontros, dos acampamentos e de tantas outras atividades. Cantamos juntos, dançamos juntos, celebramos Jesus com todos os jovens e crianças. A alegria das crianças e dos jovens é a alegria de Jesus.

— Não preciso dizer da nossa emoção em poder partilhar essas experiências – Zoel comentou. – Já participei de uma palestra sua na Colônia Alvorada Nova, mas não imaginei que um dia estaríamos juntos em alguma atividade.

— De tudo que vivenciamos fica a certeza de que somos uma grande família – afirmei com alegria.

— Anselmo agora, sem a influência de Silvinho, terá possibilidade de se fortalecer no convívio com Lucca e com a sintonia de Flávio, além de contar com o jovem pastor desencarnado Josué e seu tutelado encarnado, João Pedro. O trabalho é incessante e não podemos dar tréguas à ignorância, que faz mais vítimas a cada dia. Os jovens necessitam da nossa cooperação, muitos pais aguardam nosso concurso.

– Sigamos agora para uma região próxima à Crosta onde teremos novos aprendizados. O tom grave das palavras de Bezerra, que retomou novamente a aparência como o jovem Patrício, não deixava dúvida que teríamos novas lições.

Após percorrer algumas regiões de vibrações densas em nosso plano, deparamos com uma construção que nos chamou atenção, por seu aspecto arquitetônico diferenciado, pois lembrava uma grande nave espacial, das que se veem em filmes de ficção científica na Terra. A edificação era muito grande, e observávamos curiosos o intenso movimento dos espíritos, encarnados e desencarnados, que chegavam e saíam.

A iluminação local lembrava as modernas arenas esportivas da Terra e parecia tudo muito bem organizado.

– Estamos diante de um centro técnico de criação de métodos e jogos para manipulação de mentes através da tecnologia digital – Patrício comentou, causando grande surpresa para todos nós. – Aqui vivem algumas mentes com grande capacidade intelectual, que acalentam a ilusão de um dia dominar o mundo. Para isso, diferentemente da ideia que ainda é alimentada na Terra, eles sabem que o caminho da dominação e consequente manipulação passam pela criança e pelo jovem. Não me surpreende que a cada dia, o número de jovens conduzidos ao suicídio aumente, porque essas inteligências trabalham com todos os aspectos emocionais desse período do espírito encarnado. A situação é muito grave e delicada, uma vez que essas táticas obsessivas vêm se espalhando pela sociedade levando até os pequenos à prática do suicídio.

– Parece história de ficção científica – Zoel comentou.

– Essa realidade manipuladora é um método há muito tempo empregado no mundo. Parte da mídia, interessada apenas nos aspectos econômicos, cumpre um papel na disseminação do consumismo, que é alarmante. Em um planeta onde muitos valorizam as posses exteriores, está clara a inversão de valores. Existem estudos e técnicas aprofundadas na área de propaganda e *marketing* que envolvem de forma tão sutil esse público, e no entanto, pais e educadores em sua grande maioria não percebem. Temos hoje jovens que são manipulados desde a infância. Algumas mentes perversas da nossa dimensão, em sintonia com encarnados, já controlam uma legião de alienados. Tudo porque a ideia que se dissemina da vida é a da posse, para poder ser feliz.

– A criatura humana em alguns momentos renega sua condição de racionalidade. Não nos esqueçamos de que a era digital vivida no mundo material é tecnologia nascida aqui na dimensão espiritual. As novidades tecnológicas do mundo ainda são rústicas, se comparadas à maneira como nos comunicamos pelo pensamento, por exemplo. Na Terra, laboratórios de mídia são criados em parceria com profissionais da área da psicologia, para que as emoções humanas tornem-se os instrumentos pelos quais se possa atingir o fim econômico. Sem que as pessoas se deem conta, todas as suas reações desde as expressões faciais, tom de voz, e também das manifestações da própria íris, são estudadas por um período, até que se crie um perfil comportamental, e em cima disso, a abordagem comercial acontece, de acordo com o momento de vida e as necessidades de cada um.

– As propagandas, as informações sutis surgem em redes sociais identificadas com o momento de vida de cada criatura. Programas de computador moderníssimos são verdadeiros espiões, que captam tudo que o usuário vivencia quando está conectado. *Webcans* inteligentes, manipuladas por programas e aplicativos, são como olhos eletrônicos a registrar qualquer mudança na expressão facial das pessoas. A grande realidade de estarmos cercados por uma nuvem de testemunhas, que antes era entendida apenas com relação ao mundo espiritual, agora, com o advento do progresso tecnológico digital dá-se entre os próprios homens que podem espionar mutuamente, de um hemisfério ao outro do planeta, desde que se esteja conectado nessa grande rede. Todo esse aparato envolve o ser humano, que se perde da própria essência. Quem não cultiva valores espirituais, consequentemente não se conecta com Deus. E, embora, se possa estar conectado a mais de oito bilhões de pessoas, o espírito resvala nos transtornos emocionais, porque se perdeu de si mesmo.

– Paralelamente a isso, inteligências desencarnadas aproveitam o processo de alienação para promover suas vinganças e perseguições. Um dia o homem irá perceber que todo e qualquer pensamento, que toda e qualquer ação acarretam consequências instantâneas. Hoje, a grande maioria segue como refém de si mesmo. Por tudo isso, é que podemos afirmar com lucidez que o Espiritismo é o grande libertador das consciências, desde que apresente uma linguagem adequada, cujas bases doutrinárias sejam mantidas, mas apresentadas de maneira a ser compreendido. Todas as mentes que eram escravizadas pela culpa foram alforriadas, mas poucas sabem o que fazer com a capacidade e liberdade de pensar.

– Então, até mesmo um desenho animado na TV pode servir de isca lançada por mentes habilidosas? Como proceder na educação de crianças e jovens nesses dias desafiadores? – Augusto inquiriu.

– Para algo tão complexo, a solução é o mais simples possível: precisamos apertar os laços do amor entre nós! A solução está na família – quando os pais se interessam e acompanham a vida dos filhos, quando existe o interesse de todos por todos nos fatos que afetam cada membro do agrupamento familiar. A beleza da tecnologia e sua bendita utilidade não podem segregar os que se amam, pelo contrário.

– O Evangelho é o grande avanço da humanidade, a grande rede de amor, onde todos os filhos de Deus podem se conectar uns com os outros. Deus é a fonte de todo amor, Jesus é a rede, a senha, a caridade. Eu me refiro à caridade dos gestos afetuosos e respeitosos, de um para com os outros. Falo da caridade do pai, que para e ouve o que o filho tem a dizer, a caridade que impõe limites em nome do amor que cuida, que zela, que vela, que diz não. No momento do desespero e das lágrimas, todos podemos nos conectar com a rede do Cristo, basta abrir a boca do espírito para os ouvidos do Mestre através da prece.

Quanto nós aprendemos pela explicação e contextualização que Patrício fazia acerca da oração e da caridade.

Dizer que Jesus é uma rede WI-FI em que todos os jovens podem se conectar é de fato contextualizar o tecnológico com as coisas do coração. O Evangelho é a grande rede em que todos podem navegar em direção a Deus.

A vontade imensa que invadia meu ser era de trazer Jesus para o mundo juvenil urgentemente.

Eu me sentia imensamente feliz com todas aquelas informações que fariam diferença em minha vida e na vida dos educadores das nossas crianças e jovens.

Meus pensamentos atropelavam-se pela ânsia e o desejo de pôr em prática o que Bezerra de Menezes, quer dizer, Patrício, ensinava. A docilidade daquele espírito, que em tudo nos remetia ao amor de Jesus, à simplicidade das ações, mas acima de tudo, ao convite vivo para o trabalho no bem.

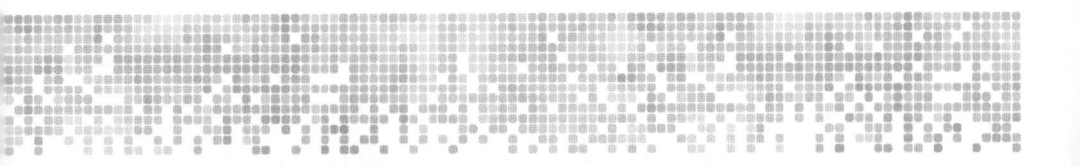

NOVAS AÇÕES

— Diante de tudo isso que nos foi apresentado, o que podemos fazer para que processos obsessivos não ocorram de maneira pandêmica como vemos hoje? – Augusto perguntou.

— Nossa ação socorrista não se assemelha aos super-heróis da Terra. Não temos inimigos a combater, temos irmãos a educar. Mas, ainda assim, a educação não se dá por processos impositivos, e todos devemos respeitar as escolhas alheias e o tempo de cada um. Mesmo aqueles que de certa forma já se convenceram do novo caminho a seguir, os que já se reequilibraram e foram recolhidos em nossos postos de socorro e colônias, mesmo esses, se de uma hora para outra resolverem buscar seus antigos parceiros de vício, nada temos a fazer. O amor não cerceia a vontade do ser amado. O tempo passa e a dor aumenta, e só a própria dor poderá libertar o renitente, o espírito rebelde. A humanidade trilha os caminhos que escolhe percorrer. Tragédias, tais quais as guerras, deveriam ter dado ao homem o amadurecimento necessário e não deveriam mais ocorrer no seio da sociedade. Embora seja essa a realidade, o egoísmo ainda impera e guerras acontecem em vários pontos do planeta. Recordo-me das palavras de Jesus, registradas por Mateus:

> *Não cuideis que vim trazer a paz à terra; não vim trazer paz, mas espada; Porque eu vim pôr em dissensão o homem contra seu pai, e a filha contra sua mãe, e a nora contra sua sogra; E assim os inimigos do homem serão os seus familiares. Quem ama o pai ou a mãe mais do que a mim não é digno de mim; e quem ama o filho ou a filha mais do que a mim não é digno de mim. E quem não toma a sua cruz, e não segue após mim, não é digno de mim. Quem achar a sua vida perdê-la-á; e quem perder a sua vida, por amor de mim, achá-la-á. Quem vos recebe, a mim me recebe; e quem me recebe a mim, recebe aquele que me enviou. Quem recebe um profeta em qualidade de profeta, receberá galardão de profeta; e quem recebe um justo na qualidade de justo, receberá galardão de justo. E qualquer que tiver dado só que seja um copo de água fria a um destes pequenos, em nome de discípulo, em verdade vos digo que de modo algum perderá o seu galardão.*
>
> (Mateus, 10:34-42)

— A espada trazida por Jesus coloca-nos em estado de confronto íntimo, em estado de guerra com as ilusões do mundo. Sabemos que o Evangelho nos aproxima dos nossos familiares, a Boa Nova dá um amplo e novo sentido à vida. Tudo nos é mostrado, tudo pode ser visto com a largueza dos olhos espirituais, que contemplam o ilimitado da realidade espiritual. Não temos como invadir, feito justiceiros, os locais que fomentam a dor, pois centros como esse devem ser combatidos no coração humano.

— A educação do ser integral é o maior tratado profilático contra as obsessões. Educar a alma é apresentar a espada trazida por Jesus, e esse processo de educação interior garantirá às sociedades futuras a libertação do egoísmo humano. A transição planetária que se anuncia tem na educação o instrumento renovador das consciências e corações. Trouxe-os aqui para que essa realidade seja divulgada. Tomaremos medidas, para esclarecer e libertar as consciências desse lugar, mas todas as ações serão permeadas pelo respeito às individualidades, dando amor com ternura e rigor, mas entendendo sempre que a libertação parte do coração de boa vontade, aquele que já desperta para a necessidade de implantar a mudança interior. Fica claro ainda uma vez, o amor de Deus por seus filhos, daí a necessidade do homem compreender a gravidade e a oportunidade de se estar encarnado. Negligenciar a paternidade é terrível equívoco, porque os que abdicam desse compromisso são responsáveis pela desagregação familiar, pela falta de valores éticos morais para a construção de uma sociedade renovada.

— Então, não atuaremos diretamente dentro desse centro de criação de jogos? — Zoel questionou.

— Não existe lugar no universo que esteja apartado do Amor e Misericórdia de Deus. E até o que julgamos como mal, é fonte geradora do bem. Tudo tem utilidade na ordem das coisas. Precisamos ter olhos de ver e ouvidos de ouvir. Tudo se transforma. O tempo é o grande instrumento transformador das almas em aprendizado. Nossos anseios imperfeitos exigem solução imediata, os Anseios Celestiais aguardam a ação da vida para o definitivo e verdadeiro despertar do espírito. Nossas intervenções atendem ao impositivo do solo fértil para o plantio do trigo no coração do homem. Mas, enquanto ele alimentar o joio da ilusão dentro de si a florada será sufocada momentaneamente. Muito temos a fazer, mas não nos esqueçamos de que a única e verdadeira mudança ocorre dentro de cada um. Sem o despertamento pela educação integral, a única que dá consciência ao ser, todas as outras iniciativas serão ações paliativas.

– Eu pensava aqui, na conexão de todos com todos. Na coletividade da grande família dos filhos de Deus.

– Sim, Luiz Sérgio! Ainda estamos muito distantes de compreender a mensagem de Jesus e isso fica muito claro quando nos deparamos hoje com a globalização das relações humanas. Venho aprendendo e me surpreendo com passagens do Evangelho que já retratavam esses dias de modo profético. Com relação à conexão pelas redes sociais e outros métodos de comunicação instantâneos, Jesus já falava dessa conexão entre os homens e entre as dimensões material e espiritual. Em um diálogo de certa forma profético Jesus afirmou: *E eu te darei as chaves do reino dos céus; e tudo o que ligares na terra será ligado nos céus, e tudo o que desligares na terra será desligado nos céus.* (Mateus, 16:19)

— Ele nos deu as chaves, ou seja, a senha para a conexão com Deus em qualquer situação de dor e sofrimento. Passados mais de dois mil anos, com o advento e o progresso tecnológico hoje é possível entender que o Mestre falava da globalização espiritual universal. O espírito é aquele que escolhe a conexão por onde deseja navegar. Se o desejo for apenas com as conexões da Terra, o sinal é mais grosseiro, rasteiro. E outras mentes irão se agregar a esses interesses. Se a opção de conexão for com a rede celestial, se nos ligarmos às coisas do céu o bem viverá em nós. Faremos *downloads* do céu para a Terra pelas vias da conexão mediúnica, pelos processos inspiratórios e muitos outros.

Eu e meus companheiros de aprendizado nos entreolhamos impactados.

E ele prosseguiu:

— O que definitivamente necessita ser compreendido é que a vida verdadeira processa-se aqui no mundo espiritual, que é o mundo causal. Tudo que existe na Terra origina-se da dimensão espiritual, não podemos nos esquecer de que o mundo espiritual preexistia antes da Terra.

Diante do esclarecimento de Patrício, novamente meus pensamentos viajaram até *O Livro dos Espíritos*, que é a base do pensamento espírita. Rememorei as questões 85 e 86 e identifiquei mais uma vez a inteligência de Allan Kardec nas indagações. E era muito bom constatar a coerência dos postulados espíritas na fala de Patrício.

Qual dos dois, o mundo espírita ou o mundo corpóreo, é o principal na ordem das coisas?

O mundo espírita; ele preexiste e sobrevive a tudo.

O mundo corpóreo poderia deixar de existir, ou nunca ter existido, sem com isso alterar a essência do mundo espírita?

Sim; eles são independentes, e, não obstante, a sua correlação é incessante, porque reagem incessantemente um sobre o outro.

Engana-se aquele que acredita saber tudo, por isso, a consciência da nossa condição de espíritos aprendizes nos fortalece o ser.

Aproveitei o breve silêncio para comentar:

– Embora, as muitas interpretações que os homens fazem do Evangelho de Jesus, observo com muita clareza a sua condição de proposta educativa. E é essa visão que me faz pensar sobre a atuação de grandes lidadores da causa espírita, todos voltados para a necessidade da educação das crianças e jovens. Realmente a evangelização, ou educação espírita, como queiram chamar, pois isso não muda a proposta pedagógica de Jesus, é o instrumento de consolo e acolhimento para todos os aflitos. Nessa nossa caminhada, desde o momento que conquistei a possibilidade de ser um trabalhador, venho me esforçando para estar junto aos jovens. Quando a morte física me liberou do casulo de carne, para que eu pudesse voar livremente como espírito, não vislumbrei outro objetivo para minha vida que não fosse levar o Evangelho pela ótica educativa do Espiritismo para os corações juvenis.

– Nas inesquecíveis palavras de Jesus, fundamento minha fala de irmão aprendiz, como todos que compreendem que o adulto aturdido de hoje é o efeito da educação oferecida à criança e ao jovem ontem. O adulto, mal-educado e pouco consciente, é o efeito devastador da ausência da educação do ser integral desde a infância. Reflitamos nas palavras do Messias Educador:

Porque tive fome, e destes-me de comer; tive sede, e destes-me de beber; era estrangeiro, e hospedastes-me; estava nu, e vestistes-me; adoeci, e visitastes-me; estive na prisão, e foste me ver. Então os justos lhe responderão, dizendo: Senhor, quando te vimos com fome, e te demos de comer? Ou com sede, e te demos de beber?

E quando te vimos estrangeiro, e te hospedamos? Ou nu, e te vestimos? E quando te vimos enfermo, ou na prisão, e fomos ver-te?

E, respondendo o Rei, lhes dirá: Em verdade vos digo que quando o fizestes a um destes meus pequeninos irmãos, a mim o fizestes.

> *Então dirá também aos que estiverem à sua esquerda: Apartai-vos de mim, malditos, para o fogo eterno, preparado para o diabo e seus anjos; porque tive fome, e não me destes de comer; tive sede, e não me destes de beber; sendo estrangeiro, não me recolhestes; estando nu, não me vestistes; e enfermo, e na prisão, não me visitastes. Então eles também lhe responderão, dizendo: Senhor, quando te vimos com fome, ou com sede, ou estrangeiro, ou nu, ou enfermo, ou na prisão, e não te servimos?*
>
> *Então lhes responderá, dizendo: Em verdade vos digo que, quando a um destes pequeninos não o fizestes, não o fizestes a mim.*
>
> (Mateus, 25:35-45)

– Podemos considerar que o Mestre se referia ao espírito desencarnado ou encarnado, esteja ele em qualquer período da sua vida – criança, jovem ou adulto. As crianças desses dias estão com fome de pão e educação, as crianças estão com sede de carinho e paz, as crianças hoje são refugiadas, muitas sem lar, e outras tantas sem pátria. As crianças estão nuas e enfermas nos cruzamentos das grandes metrópoles. Muitos jovens estão encarcerados e abandonados, necessitados da visita da solidariedade, com fome de educação, com carência de família. O Espiritismo é a "candeia educativa" que necessita ser posta sobre o velador dos corações.

– Essa é a grande realidade – Augusto considerou. – Nada pode trazer mais felicidade do que observar o desenvolvimento de uma criança com valores éticos morais a nortearem seus passos.

E Zoel comentou com emoção na voz:

– São os valores da alma. O pão que sustenta o ideal do espírito imortal. Agora vejo com mais lucidez a mensagem de Jesus, que sendo Educador Divino nunca educou corpos perecíveis, pois sua pedagogia é antes de tudo um tratado educativo para o ser imortal.

– E o que dizer dessas palavras de Jesus:

E traziam-lhe meninos para que lhes tocasse, mas os discípulos repreendiam aos que lhos traziam. Jesus, porém, vendo isto, indignou-se e disse-lhes: Deixai vir os meninos a mim, e não os impeçais; porque dos tais é o reino de Deus. Em verdade vos digo que qualquer que não receber o reino de Deus como menino, de maneira nenhuma entrará nele. E, tomando-os nos seus braços, e impondo-lhes as mãos, os abençoou.

(Marcos, 10:13-16)

– Em mais uma passagem do Evangelho, a cartilha dos nossos corações, Jesus deixa explícita a sua preocupação com as crianças e os jovens. E deixa a clara advertência da necessidade de nos tornarmos quais crianças em nosso proceder. E por meio de Allan Kardec em *O Livro dos Espíritos*, 383, a quem recorremos mais uma vez, constatamos com profunda alegria a realidade do Consolador prometido, que relembra o que o Cristo havia ensinado acerca da importância do período infantil na vida do espírito imortal.

Encarnado, com o objetivo de se aperfeiçoar, o espírito, durante esse período, é mais acessível às impressões que recebe, capazes de lhe auxiliarem o adiantamento, para o que devem contribuir os incumbidos de educá-lo.

– São essas as palavras de Allan Kardec ao comentar a questão 383, que falam justamente da necessidade do espírito que reencarna passar pela infância – falei entusiasmado.

– Luiz Sérgio, pelo jeito você está com as 1019 perguntas de O Livro dos Espíritos gravadas em sua cabeça, não é? – Zoel indagou com alegria.

– Durante o tempo em que me recolhi para estudar o Espiritismo, esse livro foi meu companheiro de todas as horas. Não tenho todas as perguntas na minha cabeça, mas até agora, quando surge a experiência na prática, elas chegam naturalmente às minhas lembranças. Mas, devo confessar que tenho estudado diariamente as questões do livro, pelo menos três por dia. Tempos atrás, senti a necessidade de me dedicar ao estudo da codificação com mais afinco, e isso alargou os horizontes da minha compreensão.

– Sou testemunha do esforço dele, não posso negar, já que em muitas ocasiões, estudamos juntos – Augusto considerou.

– Augusto me ajudou demais, esclareceu muitas coisas, é um grande facilitador desse aprendizado – asseverei com gratidão.

Silenciamos e, para variar, me emocionei.

Não existe nada que me emocione mais do que constatar a presença do amor de Deus nas oportunidades em que a vida me consente ser útil.

Nada a reclamar, mas tudo a agradecer. E mesmo nos embates mais amargos, prosseguir servindo sempre.

É o trabalho no bem a nossa alegria maior.

A vida tem sua dinâmica própria e é preciso acompanhar, mas isso só é possível quando compreendemos que viver é servir e amar.

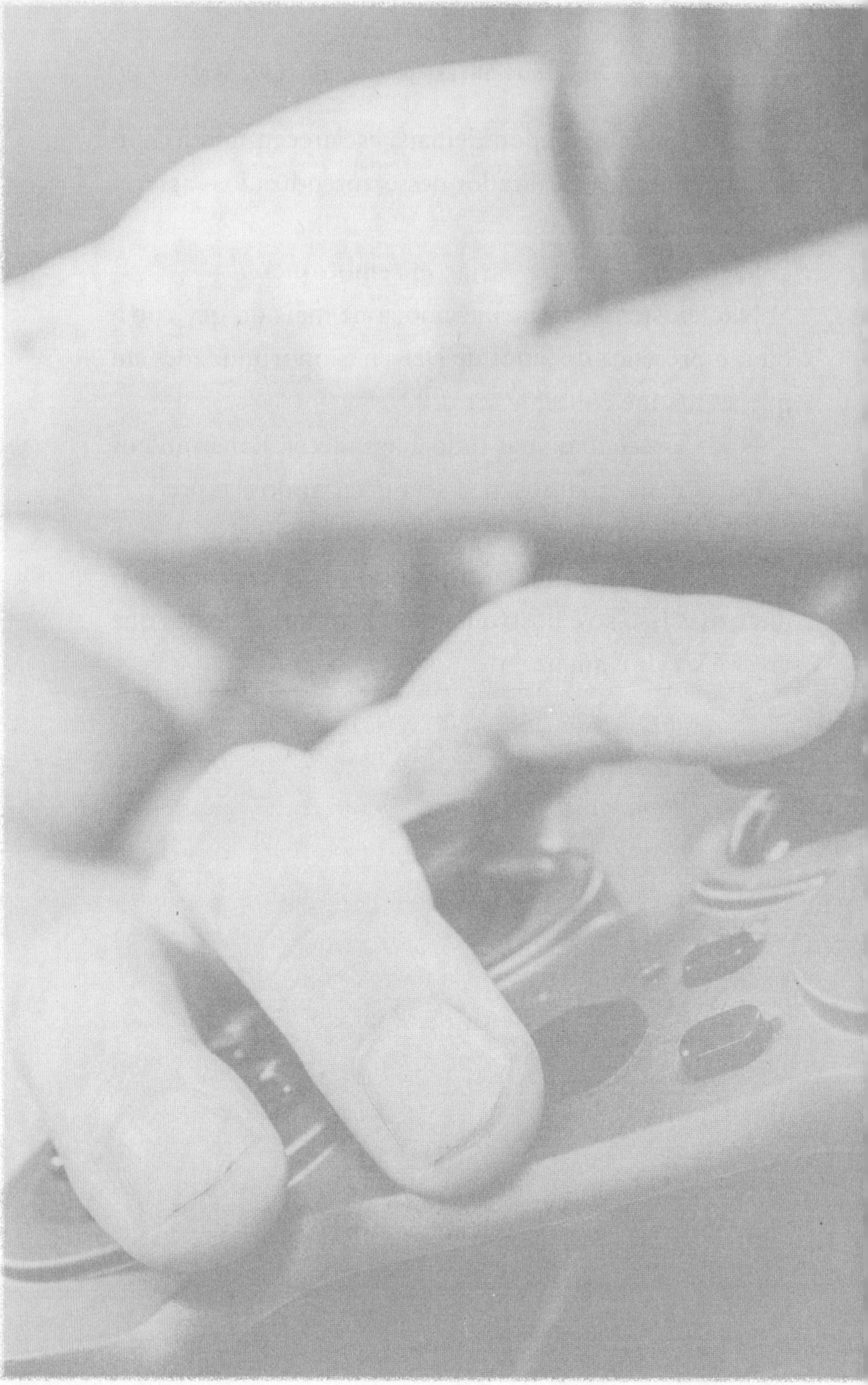

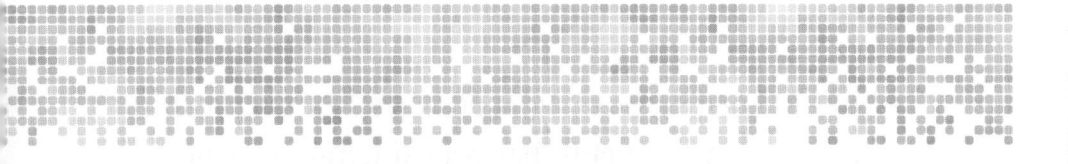

SUICÍDIO COLETIVO

A cada dia nos sentíamos mais agradecidos e o aprendizado prosseguia.

– Temos no centro de manipulação de mentes entidades voltadas ao desenvolvimento e incitação aos suicídios coletivos. Existem espíritos encarnados, que na sociedade humana são portas abertas para a instauração desses processos e agem feito marionetes, pondo em prática as ações maléficas e de vingança planejadas nesses locais.

– E como podemos impedir a instauração desses processos trevosos? – Zoel questionou.

– Primeiramente, precisamos identificar e estudar essa realidade. Num segundo momento, avaliar até que ponto nossa ação irá de fato resolver essa questão. Vamos recorrer aos livros da Codificação Espírita novamente, a fim de compreendermos essa triste realidade.

– Mas Patrício – interrompi – já acontecem suicídios juvenis através de *games* nesses dias. Seriam obsessões coletivas?

– Vamos conhecer juntos de que modo ocorrem esses processos. Como eu dizia, vamos recorrer a Allan Kardec e entender racionalmente como isso ocorre. Muitas entidades das trevas, por condição de maldade ou de vingança, planejam essas ações. Sendo espíritos espíritas, nosso entendimento passa pela leitura e estudo dessas obras. Não resta dúvida de que esses *games* que incitam a prática suicida entre os jovens refletem as ações das trevas. Se estudarmos caso a caso, a vida dos que se suicidam coletivamente, iremos nos deparar com criaturas frágeis psicologicamente, com um histórico de vida que apresenta complicações no âmbito familiar, além da conhecida falta de limites na educação e também a inexistência de disciplina em conjunto com a ausência dos pais. E completando esse quadro desafiador, temos ainda o componente espiritual, o histórico de outras vidas, o surgimento de reminiscências passadas. Diz Allan Kardec:

Pululam em torno da Terra os maus Espíritos, em consequência da inferioridade moral de seus habitantes. A ação malfazeja desses Espíritos é parte integrante dos flagelos com que a Humanidade se vê a braços neste mundo. A obsessão, que é um dos efeitos de semelhante ação, como as enfermidades e todas as atribulações da vida, deve, pois, ser considerada uma prova ou uma expiação e aceita com esse caráter. Chama-se obsessão à ação persistente que um Espírito mau exerce sobre um indivíduo. Apresenta caracteres muito diferentes, que vão desde a simples influência moral, sem perceptíveis sinais exteriores, até a perturbação completa do organismo e das faculdades mentais.

(O *Livro dos Médiuns*, 2ª Parte, cap. XXIII.)

– A vida moderna que grande parte dos jovens têm hoje, mais a fragilidade psíquica e espiritual, caracterizada pela ausência de disciplina no trato com *games* e limites comportamentais em geral, abrem campo para perturbações e processos obsessivos. Transcrevemos em capítulo anterior as palavras de Jesus, a respeito das ligações promovidas na Terra e no céu. Alguns jovens se viciam de tal forma em alguns tipos de *games* que passam a viver fora da realidade, transitando fragilmente entre a vida virtual e a real, perdendo com isso a própria identidade.

– Poderíamos dizer que eles se tornam "Autômatos", hipnotizados pelos *games*? – questionei.

– Sim, Luiz Sérgio! Alguns jogos, depois de muitas horas de sua prática, obliteram o raciocínio, e o jovem passa a reagir automaticamente, sem demonstrar interesse pelo mundo real. Perde o sono, o apetite ou se alimenta de forma inadequada. Esse comportamento é porta aberta para os espíritos obsessores, que encontram muita facilidade em insuflar as ideias sutis do suicídio, até que o fato se dê realmente. Os pais necessitam acompanhar e participar da vida dos filhos e, ao agirem assim, irão identificar esses processos mórbidos. O suicídio coletivo por meio dos *games* acontece, a partir do instante em que os jogadores, sem referências de vida e limites na educação, não têm discernimento e valoração da própria vida. Eles não têm valores éticos morais dentro de si, e são presas fáceis para a instalação desses processos mórbidos.

– Eu recordei da obsessão coletiva narrada no Evangelho – Augusto comentou.

– A passagem dos Gadarenos? – Zoel perguntou.

– Essa passagem mostra o momento em que Jesus lidou com uma legião de espíritos. E segundo o evangelista Lucas, aconteceu assim:

> *E navegaram para a terra dos Gadarenos, que está defronte da Galileia.*
>
> *E, quando desceu para terra, saiu-lhe ao encontro, vindo da cidade, um homem que desde muito tempo estava possesso de demônios, e não andava vestido, nem habitava em qualquer casa, mas nos sepulcros. E, quando viu a Jesus, prostrou-se diante dele, exclamando, e dizendo com grande voz: Que tenho eu contigo, Jesus, Filho do Deus Altíssimo? Peço-te que não me atormentes. Porque tinha ordenado ao espírito imundo que saísse daquele homem; pois já havia muito tempo que o arrebatava. E guardavam-no preso, com grilhões e cadeias; mas, quebrando as prisões, era impelido pelo demônio para os desertos.*
>
> *E perguntou-lhe Jesus, dizendo: Qual é o teu nome? E ele disse: Legião; porque tinham entrado nele muitos demônios.*

E rogavam-lhe que os não mandasse para o abismo.

E andava ali pastando no monte uma vara de muitos porcos; e rogaram-lhe que lhes concedesse entrar neles; e concedeu-lho.

E, tendo saído os demônios do homem, entraram nos porcos, e a manada precipitou-se de um despenhadeiro no lago, e afogou-se.

E aqueles que os guardavam, vendo o que acontecera, fugiram, e foram anunciá-lo na cidade e nos campos.

E saíram a ver o que tinha acontecido, e vieram ter com Jesus. Acharam então o homem, de quem haviam saído os demônios, vestido, e em seu juízo, assentado aos pés de Jesus; e temeram.

E os que tinham visto contaram-lhes também como fora salvo aquele endemoninhado.

E toda a multidão da terra dos Gadarenos ao redor lhe rogou que se retirasse deles; porque estavam possuídos de grande temor. E entrando ele no barco, voltou.

E aquele homem, de quem haviam saído os demônios, rogou-lhe que o deixasse estar com ele; mas Jesus o despediu, dizendo: Torna para tua casa, e conta quão grandes coisas te fez Deus. E ele foi apregoando por toda a cidade quão grandes coisas Jesus lhe tinha feito.

(Lucas, 8:26-39)

— No suicídio juvenil, o jovem, por experimentar um período delicado, principalmente de autoafirmação, da descoberta de si e da necessidade de se identificar com um mundo que lhe parece hostil, está de fato muito vulnerável, quando falta a presença familiar que seja seu porto seguro. A passagem do Evangelho nos faz refletir no quanto é importante o conhecimento das verdades espirituais na formação dos nossos jovens e na prevenção do suicídio. Os *games* viciantes, em que muitos jovens se abrigam, por falta de amor, falta de atenção dos pais, deflagram processos obsessivos que podem resvalar no suicídio. Infelizmente, esse quadro atinge muitos jovens, daí as ameaças que a nossa juventude experimenta atualmente.

Silêncio natural tomou conta de todos diante de tão graves colocações.

E de tudo que foi abordado desde o começo do nosso aprendizado com Patrício, o que ficou evidente foi a grande realidade de que Deus nos concede a oportunidade de progresso, mas os passos de cada um são atitudes independentes.

Eu não posso caminhar no seu lugar, você não pode caminhar no meu.

A Paternidade Divina não se revela por privilégios e favores, não poupa ninguém do aprendizado necessário. O amor de Deus não retira de quem quer que seja a oportunidade de aprender.

A bondade do Criador revela-se pelas reiteradas vezes que Ele nos envia de volta à escola da vida, a fim de aprendermos com as disciplinas que escolhemos aprender.

Alguns filhos necessitam de lições mais rigorosas, outros de mais amor, outros mais carecem de disciplina.

Diante dos nossos olhos estava a dura realidade de espíritos que se comprazem no mal, que se identificam com ações de vingança e promovem a dor.

Não existem perseguidores e perseguidos, algozes e vítimas, todos são filhos queridos de Deus em aprendizado constante.

E se todos os criminosos do mundo e todos os homens de bem estivessem diante do Pai, e lhe fosse indagado qual o filho Ele ama mais, certamente ele não escolheria, pois tem o mesmo amor por todos.

As informações que transmitimos aqui visam estabelecer nova ordem das coisas, no sentido de esclarecer que aos pais cabe a grande cota de responsabilidade no processo educativo dos filhos.

A família continua sendo a fortaleza, o ninho que acolhe e educa. Todos os lares da Terra têm a bênção de Deus, todos os filhos a sua proteção, mas somos nós que decidimos o caminho a percorrer.

Nada mais triste ao meu coração, quando vejo o sofrimento de um pai, quando saio junto com outros espíritos para resgatar esses corações que se encontram perdidos sem compreender a grandeza da vida.

Os jovens são as luzes de um mundo novo e regenerado.

São eles os braços de Deus na construção da paz.

Não temos como invadir, feito policiais da Terra, o centro de criação de *games* e manipulação de mentes, mas nós podemos auxiliar, amparar e levar a mensagem de esclarecimento que fazemos agora. A parte que nos cabe, por mercê do amor de Deus é essa, nada, além disso.

Alertamos, no entanto, que para amenizar as dores, prevenir os suicídios juvenis, os laços familiares necessitam ser apertados e fortalecidos por diálogos respeitosos, pela presença e interesse dos pais na vida dos filhos, pelos abraços, pelas palavras de incentivo e também pela presença de Deus na família.

Assim, o mal não encontra espaço e os espíritos obsessores não encontram portas abertas para entrar e fazer morada nos lares.

Estamos juntos aos jovens, unidos com os pais.

Amamos juntos, choramos juntos.

Esse é o maior tratado da vida, não existe nada mais belo do que o amor que se revela nessas ações singelas.

Jesus está pertinho de nós, aí do seu lado.

Se você fechar os olhos e abrir seu coração, Ele irá falar na acústica da sua alma. Irá te revelar quanto é grande o amor que Ele tem por você.

E, em certos momentos, quando suas lágrimas caem, Ele te pega no colo, até que você se fortaleça, depois disso Ele te coloca no chão para que possa andar novamente.

Ele caminhará sempre contigo, pelo vale de dor ou pelas verdes campinas que seu coração decidir percorrer.

Não precisa correr, mas é importante andar na direção certa em companhia do amor.

Hoje e sempre!

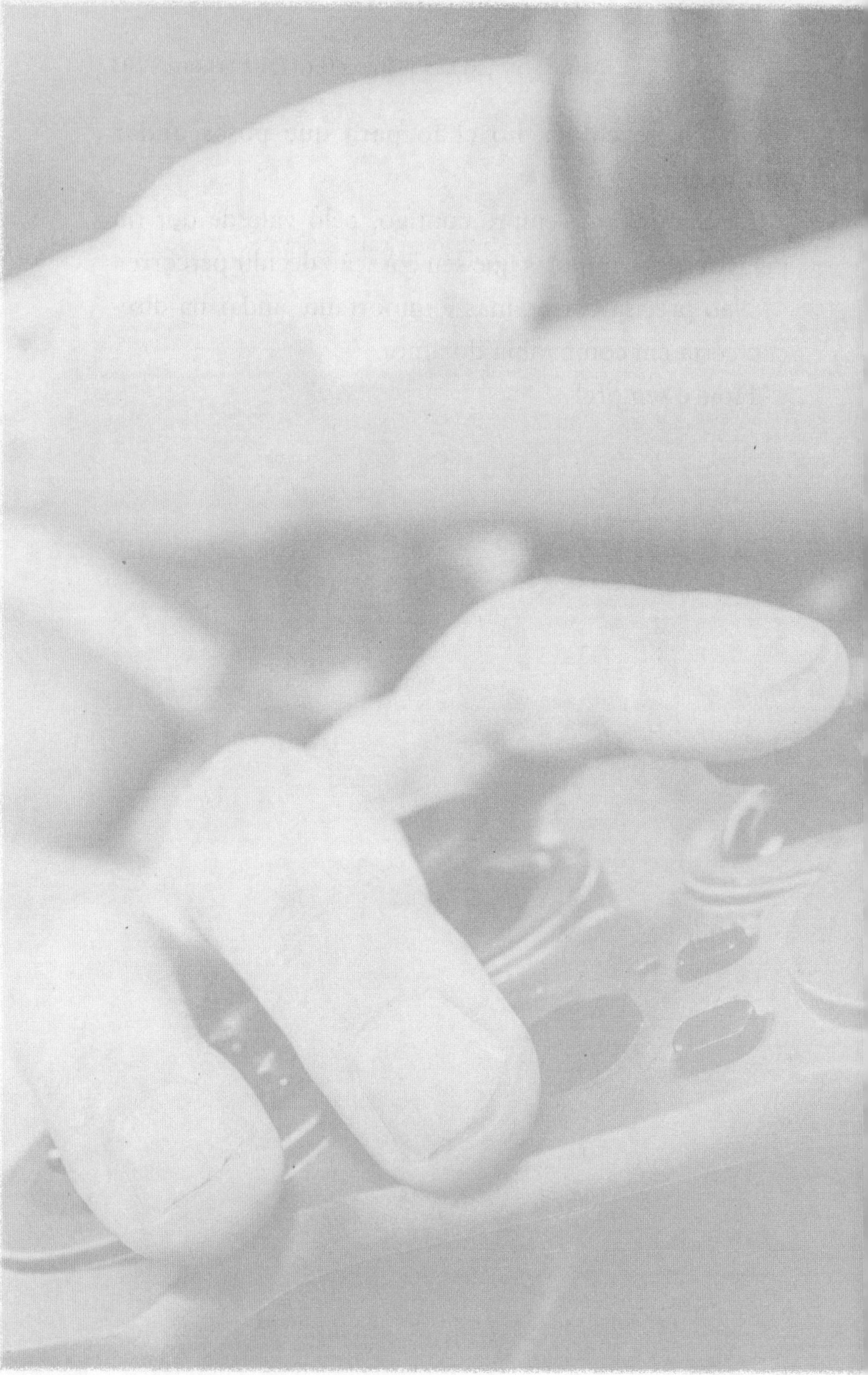

EM JERUSALÉM

– Temos muito pela frente! – falei com gratidão.
– Quero estar presente! – Zoel afirmou sorrindo.
– Já estou pronto para seguir! – Augusto disse.
– Será que teremos mais oportunidades, Patrício, de nos reunirmos?
– Sim, Luiz Sérgio! Deus oportunizara novos momentos, porque a causa do Cristo é uma só. Gostaria de levá-los comigo em um encontro que teremos em Jerusalém.
– Certamente... – os três aquiesceram ao mesmo tempo.
– As paisagens bucólicas por onde Jesus caminhou revigoram nossa alma, pois remetem àqueles dias, quando o amor em forma humana andou entre os homens. Esses encontros serão promovidos mais vezes, para que todos possam beber da fonte do Evangelho em terras palestinas. Sabemos que o reino dos céus está dentro do nosso coração, não é a condição geográfica que determina a presença de Jesus em nossas vidas, todavia, a psicosfera daquelas paragens guarda ainda o frescor do perfume do Messias, e queiramos ou não, Jerusalém tem a energia daqueles dias da passagem do Cristo pelo mundo.
– O encontro é dirigido a trabalhadores espíritas? – indaguei.

— É um encontro para evangelizadores e também para os pais e educadores, encarnados e desencarnados, do Brasil e da América do Sul. Isso devido ao fuso horário do planeta. Para a presença dos pais encarnados é preciso o concurso do sono físico. Daí a necessidade de organizarmos as coisas nesse sentido. Sigamos!

Em minha alma vibrava a profunda emoção de estar presente em momento tão especial. Embora tenha participado de muitas atividades e palestras, mas, estar ao lado de Patrício e dos meus irmãos, Augusto e Zoel, em Jerusalém, seria uma experiência inesquecível.

Na dimensão espiritual da velha Jerusalém, chegamos a uma construção parecida com o velho templo dos Hebreus. Ao mesmo tempo, que guardava os mesmos traços, parecia ser muito mais amplo.

Surpreendeu-me o movimento intenso de espíritos de variadas denominações religiosas. O clima que eu conseguia identificar era de total fraternidade entre todas as entidades.

A vida espiritual, deduzi, alargava os horizontes e a visão da mensagem cristã sem a necessidade da divisão, tão a gosto dos homens.

Patrício conduziu-nos por amplo corredor, até que deparamos com grande porta que dava acesso a imenso auditório. O teto era uma imensa abóboda de vitral. Era interessante observar que as imagens do vitral iam se alternando, e cada uma delas tratava de um momento marcante da jornada de Jesus.

Patrício pediu para nos acomodar e seguiu para outro ambiente.

Papais e mamães do Brasil, da Argentina, Peru, e de todos os demais países da América do Sul chegavam ansiosos.

Era tudo muito grande, e quando olhei para cima pude observar mais três mezaninos sobrepostos. À nossa frente, algumas telas projetavam as mesmas imagens do vitral. Deduzi que existiam outros auditórios iguais àquele, devido ao número imenso de espíritos.

– Temos a presença de espíritos protetores, juntamente com espíritos familiares – Zoel comentou discretamente.

Aproveitamos a música suave que a todos envolvia e nos entregamos à oração. Após a prece, surpreendemo-nos quando, no encosto dos assentos da frente, surgiram telas de impressionante definição de imagem.

Nesse momento, vimos com olhares embevecidos uma mesa composta por quatro jovens, Patrício era um dos componentes.

Um deles era uma jovem. Fixei meus olhos na garota, e qual não foi minha surpresa, quando reconheci a jovem Cícera, que é trabalhadora da equipe de Patrício, que tinha resgatado a garota Ione, cujo relato está no capítulo a respeito de sexo *game*.

Zoel e Augusto também a reconheceram e comentaram com discrição. Todos nós estávamos concentrados nas figuras juvenis que compunham a mesa.

Próximo aos jovens havia um púlpito.

A música suave cessou e o silêncio se manteve.

Com discrição, Cícera caminhou até o púlpito assumindo o lugar para iniciar o evento. Então, ela começou a falar com voz suave e profunda amorosidade:

– Que a paz esteja convosco!

Após a saudação inicial ela proferiu sentida prece, que emocionou a todos. As palavras nascidas na alma da jovem envolviam os nossos corações.

À medida que ela citava algumas passagens do Evangelho em sua oração, o vitral e as telas mostravam as cenas da presença de Jesus no mundo. Ela falava e uma luz de safirina beleza irradiava-se do seu tórax. A psicosfera era tão acolhedora, que é impossível descrever com o vocabulário humano o que presenciei e senti.

Mas, o que de fato nos surpreendeu foi que testemunhamos com Cícera o mesmo processo de plasticidade do perispírito ocorrido com Patrício, e a garota se metamorfoseou perante todos os presentes. Então, diante dos nossos olhares emocionados, surgia o espírito Meimei, que iniciou sua fala nesses termos:

– Sejamos todos abençoados pelo amor de Deus, e orientados pelo Evangelho de Jesus... Benditos sejam os que educam... Ecoa em nossos corações o chamado dos tempos derradeiros... Muitos espíritos que se encontram matriculados na experiência reencarnatória no período infantojuvenil estão à deriva da mensagem de Jesus. Os lares, que seriam os ninhos para esses pássaros em voo migratório carecem de estabilidade e amor. Os convites do mundo, para as diversões e entretenimentos em geral, atendem ao prazer momentâneo de quem ainda não consegue discernir nem priorizar as necessidades do espírito. Jesus só é lembrado nos momentos de dor, pois seu Evangelho é antiquado para competir com os vigorosos apelos dos jogos eletrônicos. Muitos evangelizadores desistem da nobre tarefa de evangelizar, por acreditarem e desejarem ver as salas lotadas, e o mundo transformado a partir de suas ações. Jesus, quando ensinou nessas terras onde nos encontramos, não exigiu tributos de reconhecimento, nem acalentou a esperança de ver o homem transformado. Em se tratando de evangelização de espíritos o processo não é miraculoso, porque o despertar vem de dentro dos corações.

– Evangelizar é acender uma luz, para que o espírito imortal identifique dentro dele mesmo a presença de Jesus. Evangelizar é despertar, é chamar para a vivência da Boa Nova, a alma, consoante o entendimento gradativo dela mesma. Os processos educativos são muito lentos e isso é natural. Se o espírito necessita da fieira das reencarnações para aquisição de valores ético morais, e isso só acontece após séculos de intensas lutas, o que diremos do processo de evangelização, que via de regra se dá uma vez por semana? O resultado do processo de evangelização será colhido pela própria alma, diante das provas do mundo. Na maioria das vezes, não é o evangelizador que verá a ação do Cristo, transformando a criança ou o jovem, será o evangelizando na solidão das suas lutas, mas apenas no momento certo. O evangelizador é o semeador, que saiu a semear, mas deve aguardar pelo tempo do evangelizando, para que a semente germine e produza trinta ou sessenta por um.

– Sentimos, nesse tempo de tantas atrações no mundo, que a criança e o jovem carecem mais do que nunca da presença de Jesus e da família. Mas, qual Jesus nós estamos apresentando aos nossos evangelizandos? Aquele sério e sem graça, que não brinca, nem ri? Aquele de quem devo me esconder, porque tudo nele é rigidez e acusação? Ou o Jesus que cabe apenas nos currículos teóricos, como as escolas convencionais do mundo?

– O Cristo que pode evangelizar hoje é multifacetado, é favelado, ele ama as diferenças e os diferentes, os negros, os índios e pobres. O Cristo que toca o coração do jovem hoje não fala palavrão, mas fala gíria para se fazer entender. Jesus não tem gênero, pois Ele é humano quando precisa ser humano. Quando procuramos enquadrar Jesus nos nossos conceitos, já desabonamos a imagem dele, que absolutamente não quer ser certinho e careta. Jesus quer ser criança, e brincar feito criança. Jesus quer ser jovem e viver em plenitude a juventude com os jovens, sem rigorismos, mas com respeito e disciplina.

– Quem acredita que evangelizar é catequizar e enquadrar o educando em currículos e teorias, não entendeu ainda que não está lidando com corpos, mas com espíritos imortais. E cada espírito é um universo, uma realidade diferente, uma necessidade diferente.

– A criança e o jovem desses tempos gostam muito de jogos eletrônicos, mas gostam mais ainda de abraços e de pessoas em quem possam confiar. Eles procuram abrigo nos corações, acolhimento. Querem falar do medo que sentem, quando os pais brigam. Querem conversar sobre sexo, quando o desejo lhes aflora na indumentária carnal juvenil.

– Evangelizar não é lidar com uma realidade paralela, ou um mundo idealizado, inexistente. O mundo real, onde vivem as crianças e os jovens, possui vícios, violência, pais irresponsáveis e omissos, pais amorosos e bons. A descrição é hostil e o mundo é inóspito, mas um minuto de confiança estabelecida é ponte para o amor que transforma.

– As crianças e jovens não precisam de um Jesus teórico, pois podem encontrar Jesus nas pequenas ações de quem se predispõe a evangelizar. Todos querem abraçar Jesus, e o evangelizador é Jesus por pelo menos uma hora por semana.

– Explicar à criança quem é Deus é importante, mas o mais importante é ajudar a criança a ver Deus na sua vida. Os formalismos não cabem na tarefa de educar, pois cada coração tem uma sede diferente do outro. O evangelizador é uma fonte, e pode saciar a sede de amor que os espíritos em corpos infantojuvenis têm nas suas almas. Quando o Cristo encontrou a mulher na Samaria e lhe pediu água, na verdade, Ele revelou que é a fonte que sacia os corações de amor. Não existe mais a necessidade de rótulos, mas de essência cristã em cada ação, em cada palavra.

– Evangelizar espíritos imortais pede um olhar diferente, um ouvir diferente, uma fala diferente. Lembrando sempre que Jesus nunca julgou, nem emitiu sentenças condenatórias, apenas amou. Pelo princípio da reencarnação, a cada evangelizando segundo as suas necessidades.

– Evangelizar não é formatar, é aceitar e auxiliar nas diferenças. O evangelizador é fonte de água viva, como o Cristo asseverou que seria todo aquele que acreditasse e vivesse suas palavras. Os pais necessitam estabelecer parceria com aqueles que cuidam da educação espiritual dos seus filhos, pois essa ação facilitará muito o desenvolvimento da criança e do jovem.

– Rogamos a Deus que nos dê a sua paz, para que sejamos o bem na vida dos que compartilham conosco a experiência da educação com Jesus. Que a paz esteja em todos os corações!

Ela encerrou sua fala provocando em nós as mais amplas reflexões.

Algumas ponderações foram feitas por Patrício e pelos dois espíritos com aparência juvenil, que eu intimamente gostaria de saber quem seriam esses dois Benfeitores.

A emoção foi a característica de todo aquele encontro, que guardarei para sempre em meu coração.

Nova oração foi proferida e partimos dali, felizes e jubilosos, na certeza de que Deus nos permitirá novas oportunidades de trabalho no bem junto aos jovens.

Despedimo-nos de Patrício com muita emoção. Zoel e Augusto, assim também eu não dominamos o pranto jubiloso que invadiu nossa alma.

As palavras de Patrício ou Bezerra de Menezes, não importa, foram essas:

"Somos uma equipe de espíritos espíritas, e nossa tarefa é levar Jesus aos que sofrem. Não existem divisões, médiuns exclusivos, ou tarefas diferenciadas, uma vez que dos ensinamentos de Jesus é que partiu o conceito de formação de equipe. Ele se valeu de doze homens simples para transformar a Terra, e ao longo dos séculos sua equipe vem aumentando. Que bom que pertencemos a essa equipe, porque o amor de Jesus nos uniu. Uma vez vinculados pelo amor, jamais nos separaremos.

A transição está em franco processo, sejamos, pois, colaboradores de Jesus, mesmo sendo os trabalhadores da última hora. Um trabalhador comprometido com o Evangelho nunca ficará em paz enquanto alguém estiver na retaguarda vertendo lágrimas de dor.

O homem pode experimentar as mais adiantadas tecnologias, mas enquanto toda a humanidade não estiver conectada com o coração de Deus, seguiremos trabalhando. Ele asseverou que nenhuma das ovelhas confiadas a Ele se perderia. Confio nele, e no amor que existe em mim por vocês. O trabalho nos mantém sob os cuidados do Bom Pastor.

Com gratidão!"

Do seu irmão, humílimo e paternal, Bezerra.

* * * * *

Na verdade, na verdade vos digo que aquele que não entra pela porta no curral das ovelhas, mas sobe por outra parte, é ladrão e salteador.

Aquele, porém, que entra pela porta é o pastor das ovelhas.

A este o porteiro abre, e as ovelhas ouvem a sua voz, e chama pelo nome às suas ovelhas, e as traz para fora.

E, quando tira para fora as suas ovelhas, vai adiante delas, e as ovelhas o seguem, porque conhecem a sua voz.

Mas de modo nenhum seguirão o estranho, antes fugirão dele, porque não conhecem a voz dos estranhos.

Jesus disse-lhes esta parábola; mas eles não entenderam o que era que lhes dizia.

Tornou, pois, Jesus a dizer-lhes: Em verdade, em verdade vos digo que eu sou a porta das ovelhas.

Todos quantos vieram antes de mim são ladrões e salteadores; mas as ovelhas não os ouviram.

Eu sou a porta; se alguém entrar por mim, salvar-se-á, e entrará, e sairá, e achará pastagens.

O ladrão não vem senão a roubar, a matar, e a destruir; eu vim para que tenham vida, e a tenham com abundância.

Eu sou o bom Pastor; o bom Pastor dá a sua vida pelas ovelhas.

Mas o mercenário, e o que não é pastor, de quem não são as ovelhas, vê vir o lobo, e deixa as ovelhas, e foge; e o lobo as arrebata e dispersa as ovelhas.

Ora, o mercenário foge, porque é mercenário, e não tem cuidado das ovelhas.

Eu sou o bom Pastor, e conheço as minhas ovelhas, e das minhas sou conhecido.

Assim como o Pai me conhece a mim, também eu conheço o Pai, e dou a minha vida pelas ovelhas.

Ainda tenho outras ovelhas que não são deste aprisco; também me convém agregar estas, e elas ouvirão a minha voz, e haverá um rebanho e um Pastor.

Por isto o Pai me ama, porque dou a minha vida para tornar a tomá-la.

Ninguém a tira de mim, mas eu de mim mesmo a dou; tenho poder para a dar, e poder para tornar a tomá-la. Este mandamento recebi de meu Pai.

Tornou, pois, a haver divisão entre os judeus por causa destas palavras.

E muitos deles diziam: Tem demônio, e está fora de si; por que o ouvis?

Diziam outros: Estas palavras não são de endemoninhado. Pode, porventura, um demônio abrir os olhos aos cegos?

E em Jerusalém havia a festa da dedicação, e era inverno.

E Jesus andava passeando no templo, no alpendre de Salomão.

Rodearam-no, pois, os judeus, e disseram-lhe: Até quando terás a nossa alma suspensa? Se tu és o Cristo, dize-no-lo abertamente.

Respondeu-lhes Jesus: Já vo-lo tenho dito, e não o credes. As obras que eu faço, em nome de meu Pai, essas testificam de mim.

Mas vós não credes porque não sois das minhas ovelhas, como já vo-lo tenho dito.

As minhas ovelhas ouvem a minha voz, e eu conheço-as, e elas me seguem;

E dou-lhes a vida eterna, e nunca hão de perecer, e ninguém as arrebatará da minha mão.

Meu Pai, que me deu, é maior do que todos; e ninguém pode arrebatá-las da mão de meu Pai.

Eu e o Pai somos um.

(João, 10:1-30)

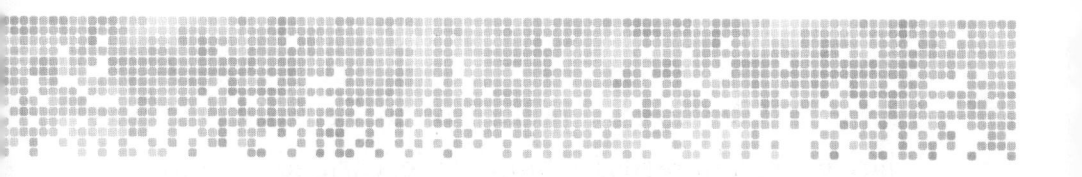

CHEFE DE FASE

Essas páginas erguem um pouco do véu da grande realidade que envolve os *games* e a tecnologia desses dias de transição.

Ao pararmos para analisar a vida e suas variadas fases percebemos que ela guarda semelhanças com um *game*.

Qualquer jovem que aperte o *start* para o início de um jogo sabe que em algum momento ele terá de enfrentar o chefe daquela fase.

A meta é vencer todos os chefes até o momento mais aguardado, a fase final.

Ao refletir sobre a grande sensação que os *games* causam entre os nossos jovens, percebi que a vida real tem muito de parecença com os jogos eletrônicos.

A diferença é que, ao renascermos, Deus aperta o *start* para que comecemos a nossa peregrinação pelos jogos reais da nossa encarnação.

O roteiro do nosso *game* vem sendo traçado desde muitas vidas, e, consoante nossas escolhas e preferências, tornamos esse *game* mais leve ou mais sofrido.

Tornamo-nos personagens e jogadores do *game* real.

Os nossos poderes para a sequência do *game* da vida são difíceis de ser adquiridos, nosso fortalecimento para enfrentar os grandes e poderosos chefes passa pelo perdão, pela compreensão, humildade, caridade e amor.

Nos *games* os personagens são comandados pelo *joystick*, mas na vida somos nós mesmos, pelo livre-arbítrio, que escolhemos como superar as fases constituídas de dores e desafios.

Os chefes de fase moram dentro de nós e vão surgindo pelo caminho, querendo nos derrotar, e, infelizmente muitas vezes conseguem vencer.

Ansiamos pelas mudanças de nível, mas os inimigos, que são as paixões humanas, procuram nos distrair, retardando nossa vitória.

Mas os dias se renovam, e a cada amanhecer Deus pede-nos o reinício da fase para a superação dos "inimigos" que se encontram dentro de cada jogador. Muitos deles se apresentam em forma de amargura, desânimo, orgulho, ódio e muitos outros.

À medida que as fases são superadas, o fortalecimento espiritual consolida-se.

Para isso, é importante contar com a família, com os amigos, pois os obstáculos são muitos e as armadilhas estão espalhadas por todo nosso roteiro.

Infelizmente, alguns jovens e adultos retiram-se do jogo da vida pelas portas equivocadas do suicídio, no entanto, terão de retomar em outra encarnação, de maneira mais dolorosa, o que deixaram para trás, na presente oportunidade.

Mas, vale a pena viver e superar as fases a caminho da fase final da evolução, cujo propósito é fazer crescer a nossa luz interior, de maneira que um dia nos tornemos fonte da luz maior que é Jesus.

Cabe-nos amar, para superar os obstáculos, e compreendermos que apenas unidos pelo coração lograremos zerar todas as múltiplas fases que compõem o *game* de cada um, em sua trajetória espiritual.

Não importa o quanto a vida se apresente complicada neste momento, essa fase vai passar, você vai se fortalecer e mudar de nível, porque o objetivo do grande *game* da vida, uma vez superadas todas as fases reencarnatórias do nosso aprendizado, é o encontro com o grande e último "chefe" – Jesus. Ele que, em suas andanças pelo mundo, há mais de dois mil anos, já nos falava sobre a realidade da conexão virtual espiritual:

Em verdade vos digo que tudo o que ligardes na terra será ligado no céu, e tudo o que desligardes na terra será desligado no céu.

Mateus, 18:18

Meimei

Luiz Sérgio

Nasceu no Rio de Janeiro, em 17 de novembro de 1949. Filho de Júlio de Carvalho e de Zilda Neves de Carvalho.

Cursava o oitavo semestre da Faculdade de Engenharia Eletrônica da Universidade de Brasília - UnB. Pertencia ao quadro de funcionários do Banco do Brasil S/A. na Agência Central de Brasília.

Alegre e extrovertido, sabia fazer amigos com rara facilidade, sem distinguir idade, cor ou sexo. Apreciava a leitura e a música. Tocava violão, preferindo músicas românticas da bossa-nova.

Companheiro inseparável de seu irmão Julio Cezar, cursavam ambos as mesmas matérias na Faculdade, participavam das mesmas traquinagens de rapaz e eram lotados na mesma seção de trabalho, em horários iguais. Era conhecido nos meios em que habitualmente frequentava pelo apelido de "Metralha", por falar muito depressa. Andava muito ligeiro.

Desencarnou no dia 12 de fevereiro de 1973 e meses depois, enviou as primeiras mensagens para sua família. Com o tempo, o conteúdo de suas mensagens passou a despertar muito interesse e os livros não tardaram a se tornar realidade.

Desde então, seu trabalho no mundo espiritual tem socorrido, esclarecido e consolado muitas pessoas, principalmente o público jovem.

Agora ele volta com seu jeito acelerado e cheio de amor para nos dizer que, ainda existe esperança.

As primeiras mensagens foram recebidas após 4 meses de sua desencarnação. A partir de então, foram publicados 36 livros sobre diversos temas de nosso cotidiano, apresentando o intercâmbio permanente entre nossos dois mundos: o material e o espiritual. O primeiro livro *O mundo que eu encontrei* foi publicado em 1976.

Ainda existe esperança
Adeilson Salles pelo espírito Luiz Sérgio

Luiz Sérgio está de volta!!!
 Você vai se emocionar ao conhecer, nessa narrativa impressionante, o lado espiritual de uma escola e as revelações acerca da influência dos espíritos sobre os jovens.

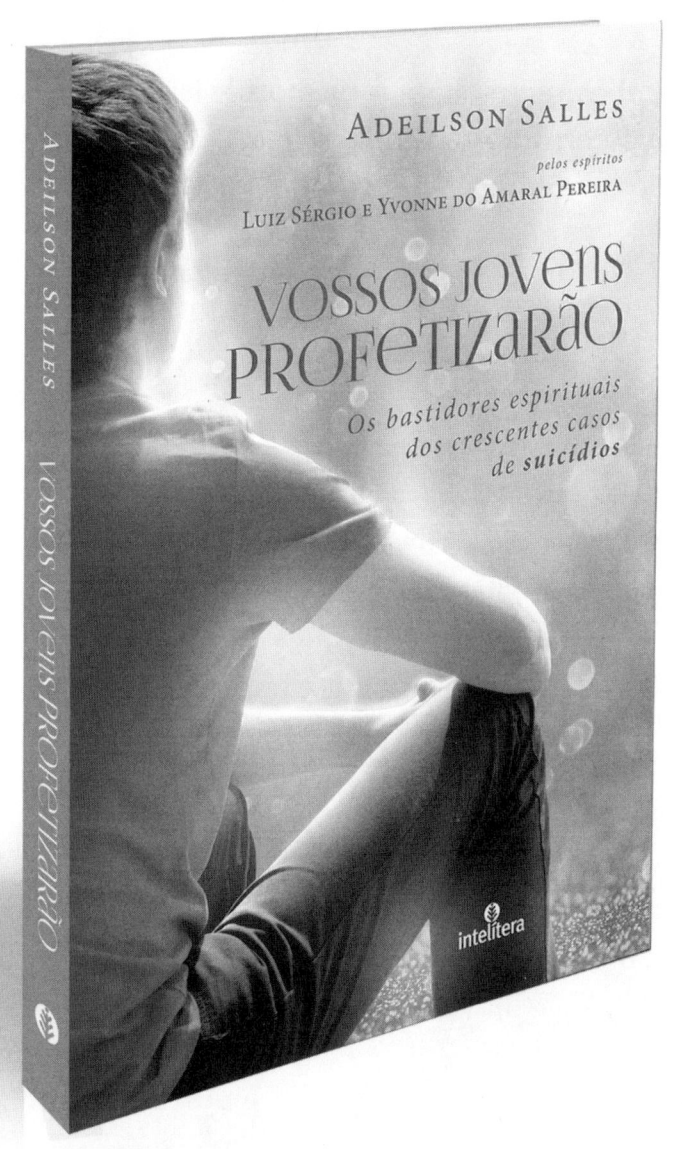

Vossos jovens profetizarão

Adeilson Salles pelos espíritos Luiz Sérgio e Yvonne do Amaral Pereira

Os espíritos Luiz Sérgio e Yvonne do Amaral Pereira narram situações emocionantes e de profundo aprendizado, no auxílio a espíritos de jovens que se suicidaram e daqueles que pensam em se suicidar.

Para receber informações sobre nossos lançamentos, títulos e autores, bem como enviar seus comentários, utilize nossas mídias:

intelitera.com.br
@ atendimento@intelitera.com.br
▶ youtube.com/inteliteraeditora
📷 instagram.com/intelitera
f facebook.com/intelitera

▶ Adeilson Salles
📷 adeilsonsallesescritor
f adeilson.salles.94

Esta edição foi impressa pela Lis Gráfica e Editora no formato 160 x 230mm. Os papéis utilizados foram o papel Hylte Pocket Creamy 70g/m² para o miolo e o papel Cartão Ningbo Fold 250g/m² para a capa. O texto principal foi composto com a fonte Sabon LT Std 13/19 e os títulos com a fonte Gargantua BTN 34/40.